AF479370

KUNSTVEREIN BRAUNSCHWEIG · VERLAG DER BUCHHANDLUNG WALTHER KÖNIG, KÖLN

IMI KNOEBEL
IMI
GEGEN
GROBEN
SCHMUTZ
30.11.2002 – 09.02.2003

Imi Knoebel wurde 1940 als Wolf Knoebel in Dessau geboren. 1964 kam er zusammen mit seinem Freund Rainer Giese nach Düsseldorf an die Akademie. Dort lernten die beiden Palermo kennen, der bereits bei Joseph Beuys studierte. 1965 wechselten sie zu Beuys und benutzten von 1966 bis 1969 den Raum 19 der Akademie als Atelier, wo sie ihre IMI-Identität manifestierten. In dem inzwischen legendären Raum entstanden aus einer sehr puristischen und experimentellen, der Beuysschen Ästhetik in vielem gerade entgegengesetzten Haltung die minimalistischen Arbeiten von Imi Knoebel.

Zwischen 1966 und 1969 arbeitete Knoebel an einer Serie von *Linienbildern*, die neunzig Tafeln umfaßt. Die *Linienbilder* sind die Anfänge seines künstlerischen Werdegangs und wurden erstmals auf dem Winterrundgang 1967/68 der Düsseldorfer Akademie gezeigt. Sie zeichneten sich vor allem durch ihre Fremdartigkeit innerhalb des Wirkkreises von Joseph Beuys aus. Knoebel scheint mit seinem Eintritt in die Klasse von Joseph Beuys eine strikte Trennlinie zu den traditionell arbeitenden Studenten der Akademie gezogen zu haben, obwohl er formal an seine Ausbildung an der Werkkunstschule in Darmstadt anknüpfte.

In den *Linienbildern* bezeichnet Imi Knoebel sich selbst als einen „nach dem Anfang Suchenden, (…) der nichts als die Sicherheit des puren Vierecks im rechten Winkel hat." Knoebel nahm sich das Nächstliegende, das Viereck, vor, in welchem er sich auf seinen ersten Eindruck von Kunst, das *Schwarze Quadrat* von Kasimir Malewitsch berief. Innerhalb dieser Fläche, die sogleich Unerreichbares und Allernormalstes thematisiert, untersuchte er Schwarz und Weiß und die Linie.

In Einzelwerken und Serien von Bildern erprobte Knoebel verschiedene Strukturierungen und Teilungen der weißen bzw. schwarzen Bildfläche. Geprägt durch endlose Übungsprozeduren in der Darmstädter Werkkunstschulzeit gelang Knoebel akkuratestes Ziehen von Linien. Es ist eine Fertigkeit, die er aus dieser Zeit mitbrachte und nun in neuer Form untersuchte. Es entstanden Serien mit Linien, die parallel in einem für jede Tafel neu festgelegten gleichmäßigem Abstand verlaufen. Von Tafel zu Tafel variiert die Breite des Strichs. Bei einigen Bildern lagern sich horizontale und vertikale Linien zu einem gleichmäßigen Karo übereinander, selten ist die Tafel ausschließlich mit horizontalen Linien überzogen, oft hingegen beschränkte Knoebel sich auf die serielle Folge vertikaler Linien. Bei immer größeren Abständen nähert sich das Bild dem weißen Rechteck, bei immer engeren dem schwarzen. Zwischen den beiden Polen des homogenen Weiß und des homogenen Schwarz liegen unendliche Abstufungen.

Unweigerlich stellt sich, will man sich dem Werk Knoebels nähern, die Frage nach dem Warum. Worin liegen die Gründe, daß ein Mensch der peniblen, systematischen Serienproduktion von durchlinierten Rechtecksflächen eine derartige Wichtigkeit beimißt?

Die Antwort ist ebenso komplex, wie die Linien pur sind, und man kann sich ihr nur behutsam nähern. Es geht bei Knoebel nie darum, Kunst zu produzieren, sondern immer nur um die Frage, wie es möglich ist, sich gültig einzubringen, Elementares zu machen. Diese Frage steht für Knoebel gleich zu Anfang, noch vor dem eigentlichen Schaffensprozeß, und hat seinen Arbeitsverlauf von ganz allein in die Kunst geführt. Nichts bedarf der Erklärung von außen, aber alles der Frage und einer einzigen gültigen Begründung, schreibt Johannes Stüttgen und Imi Knoebel antwortet ihm auf die Frage: „Wie kann jemand immer nur Linien ziehen?" mit: „Was hätte ich anderes tun können, als Linien zu ziehen?"

Der Kunstverein Braunschweig präsentiert in Deutschland erstmals die für das Gesamtwerk von Knoebel grundlegenden *Linienbilder*, die für die nachfolgende Generation konzeptuell arbeitender MalerInnen von großer Bedeutung sind.

Mit seinen Projektionen, die unmittelbar auf die *Linienbilder* folgten, unterlief Knoebel noch radikaler die Bildtradition. An die Stelle der Bildfläche war der reale Raum getreten, dem Knoebel eine künstlerische Ordnung einschrieb. In der Verschränkung der künstlerischen Setzung mit Raum und Zeit liegt Knoebels Absicht. Sein bildnerisches Denken kreist um diese Schnittstelle ebenso wie um die Übergänge von der Zwei- in die Dreidimensionalität.

Eine vierteilige Skulptur, die zeitgleich mit den *Linienbildern* entstand und 1969 in der Galerie René Block in Berlin ausgestellt wurde, wird nun zum ersten Mal zusammen mit dem Bilderzyklus gezeigt. Die unterschiedlich stark gekrümmten Elemente dieser Skulptur wirken wie eine Fortsetzung und zugleich Erweiterung der *Linienbilder* in die dreidimensionale Ebene.

Im roten Saal wird die raumgreifende Installation *Kontor* von 1990/97/98 gezeigt. Erinnerungen an Räume in verfallenen Schlössern der ehemaligen DDR, in denen temporär Schulen oder Kontore eingerichtet wurden, werden hier wach. Ähnlich wie schon bei frühen Werken wie dem *Genter Raum* (1968) oder dem *Raum 19* (1968) thematisiert Knoebel auch hier das Bewußtwerden der Wahrnehmung der Objekte innerhalb der räumlichen Situation. Wie ein ironisch gemeinter Kommentar zur damaligen politischen Situation stehen im Zentrum der Arbeit fünf Europaletten IMI Starkreiniger, die Knoebel im Oktober 1990 kurz vor Einstellung der Produktion bei der in Genthin ansässigen Firma kaufte.

In diesen Schlüsselwerken, aber auch in der Installation *Veränderter Raum* (1971/86/2002) in der ersten Konche, manifestiert sich am unmittelbarsten die für Knoebels Werk so charakteristische Artikulation des realen Raumes, der durch die Bestimmtheit der plastischen Formgebung als eine eigene Dimension in Erscheinung tritt – als eine Art von begehbarem Denkraum.

Ich möchte mich – auch im Namen des Vorstandes – bei allen bedanken, die die Ausstellung ermöglicht haben, allen voran bei Imi Knoebel. Carmen Knoebel danke ich für die professionelle und reibungslose Zusammenarbeit. Mein Dank gilt den Hauptsponsoren TXU und dem Braunschweigischen Vereinigten Kloster- und Studienfonds. Ganz besonders danke ich meinen Mitarbeitern Katrin Wosnitzka, Rosemarie Henschke, Elisabeth Schuchardt und Thomas Müller.

Imi Knoebel was born in Dessau in 1940. In 1964 he and his friend Rainer Giese arrived together at the Academy in Düsseldorf. There they both met Palermo, who was already studying under Joseph Beuys. In 1965 they too switched to Beuys, and from 1966 until 1969 they had the use of room 19 in the Academy as their studio, and there they established their identity as IMI. In that room, which has now gone into legend, Knoebel created his minimalist works, which were based on a very purist, experimental aesthetic that was in many ways the opposite of Beuys's.

Between 1966 and 1969 Knoebel worked on a series of paintings with lines, 90 panels in all. The so called *Linienbilder* mark the beginning of his development as an artist, and they were shown for the first time in the 1967/1968 Winter Circuit at the Düsseldorf Academy. Their main distinction was that they were clearly alien in the circle around Beuys. When he joined Joseph Beuys's class Knoebel seems to have drawn a strict dividing line between himself and the other students at the Academy who were working in a traditional fashion, although in formal terms he was carrying on the training he had begun at the *Werkkunstschule* in Darmstadt.

Knoebel describes himself in the *Linienbilder* as a man 'searching for the beginning,' who 'possesses nothing apart from the certainty of the pure square in the right angle.' Knoebel set to work on what was closest to hand, the square, harking back to his first impression of art, Kasimir Malevich's *Black Square*. Within this surface, which simultaneously thematises the unattainable and utterly normal, he explored black, white and line.

Knoebel tried out various ways of structuring and dividing the black or white picture surface in single works and in series of pictures. Schooled by interminable practice exercises at the Darmstadt *Werkkunstschule* he was able to produce the most accurate line drawing. It was a skill that he had brought with him from those early days and which he now explored in new forms. He executed series with parallel lines at equal intervals, which were determined afresh for each panel. The breadth of the brushstroke varies from panel to panel. In some pictures the horizontal and vertical lines form identical squares placed on top of one another, only rarely does he cover a panel exclusively with horizontal lines, though he on the other hand often does restrict himself to a serial sequence of vertical lines. As the gaps widen, the picture approaches a white square, as they become smaller, a black square. Between these two poles of homogeneous white and homogeneous black there are infinite gradations.

In approaching Knoebel's work the question that inevitably arises is 'Why?'. What reason can a person have for attributing such importance to the laborious, systematic, serial production of lined, square surfaces? The answer is as complex as the line is pure, and one must approach it with care. For Knoebel it is never a matter of producing art, it is always a question of how to make a valid statement in a given situation, of how he might make something elemental. For Knoebel this question stands right at the beginning, even before the actual creative process, and this alone is what steered the course of his work into art. Nothing requires explanation from outside, but, according to Johannes Stüttgen, everything requires the question to be asked and a valid justification given, and to his question, 'How can anybody just go on drawing lines?' Knoebel replies, 'What else could I have done except draw lines?'

For the first time in Germany the Braunschweig Kunstverein is presenting Knoebel's fundamental *Linienbilder,* which are of great significance for the next generation of conceptual artists.

With his projections, which came immediately after the *Linienbilder*, Knoebel perpetrated an even more radical subversion of the pictorial tradition. Instead of a picture surface, Knoebel took real space and inscribed artistic order on it. Imi Knoebel's intentions have to do with combining time and space in an artistic setting. Knoebel's artistic thinking revolves round this interface, just as it circles round the transition from two-dimensionality to three-dimensionality.

A four-part sculpture which was made at the same time as the *Linienbilder* and was exhibited in 1969 in the René Block Gallery in Berlin is being shown for the first time alongside the picture cycle. The different, wildly contorted elements of this sculpture seem to continue and expand the *Linienbilder* in three-dimensional space.

The Red Room shows *Kontor*, a room-filling installation from 1990/97/98. It awakens memories of rooms in rundown castles in the former GDR in which temporary schools or trading depots were established. Just as in earlier works like the *Genter Raum* (1968) or *Raum 19* (1968), Knoebel's theme here is how we register our perception of objects in a spatial situation. In the centre of the room, as an ironic comment on the political situation back then,

Knoebel places five Euro-pallets loaded with IMI scouring powder, which he purchased from the manufacturer in Genthin in October 1990, shortly before production was closed down.

Key works like these, but also the installation *Veränderter Raum* (1971/86/2002) in the first conch, directly demonstrate Knoebel's characteristic articulation of real space, which, due to the precision with which it is structured, emerges as a dimension in its own right, a sort of walk-in thought-space.

I should like, on behalf of the board and myself, to thank all those who have made this exhibition possible, above all Imi Knoebel. I thank Carmen Knoebel for her unproblematic and professional collaboration. Thanks are also due to our main sponsor, TXU, and to the Braunschweigischer Vereinigter Kloster- und Studienfonds. My special thanks to my team Katrin Wosnitzka, Rosemarie Henschke, Elisabeth Schuchardt and Thomas Müller.

▪ Karo 5 x 5
1966/69
50.2 x 50.1 x 2.3 cm

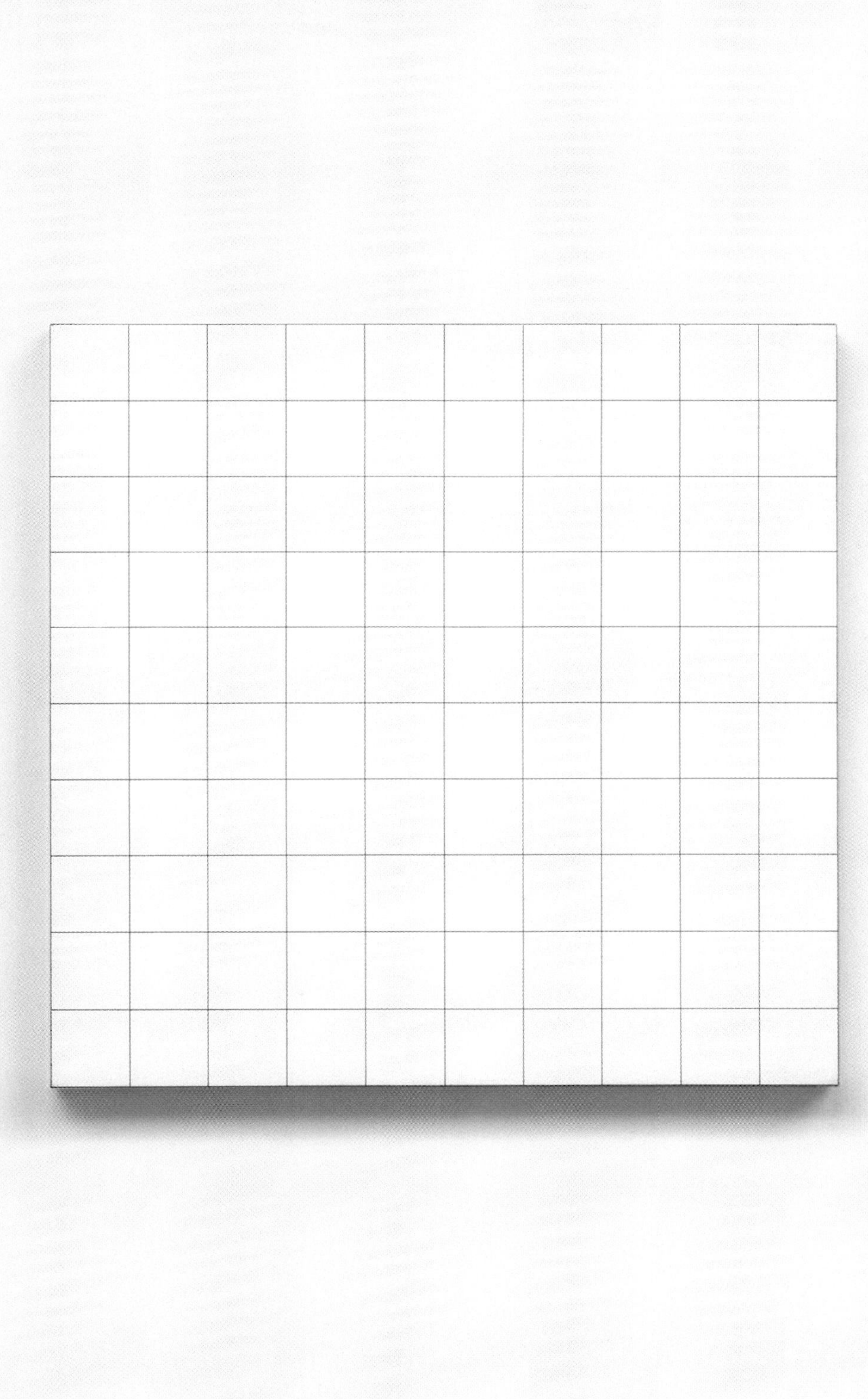

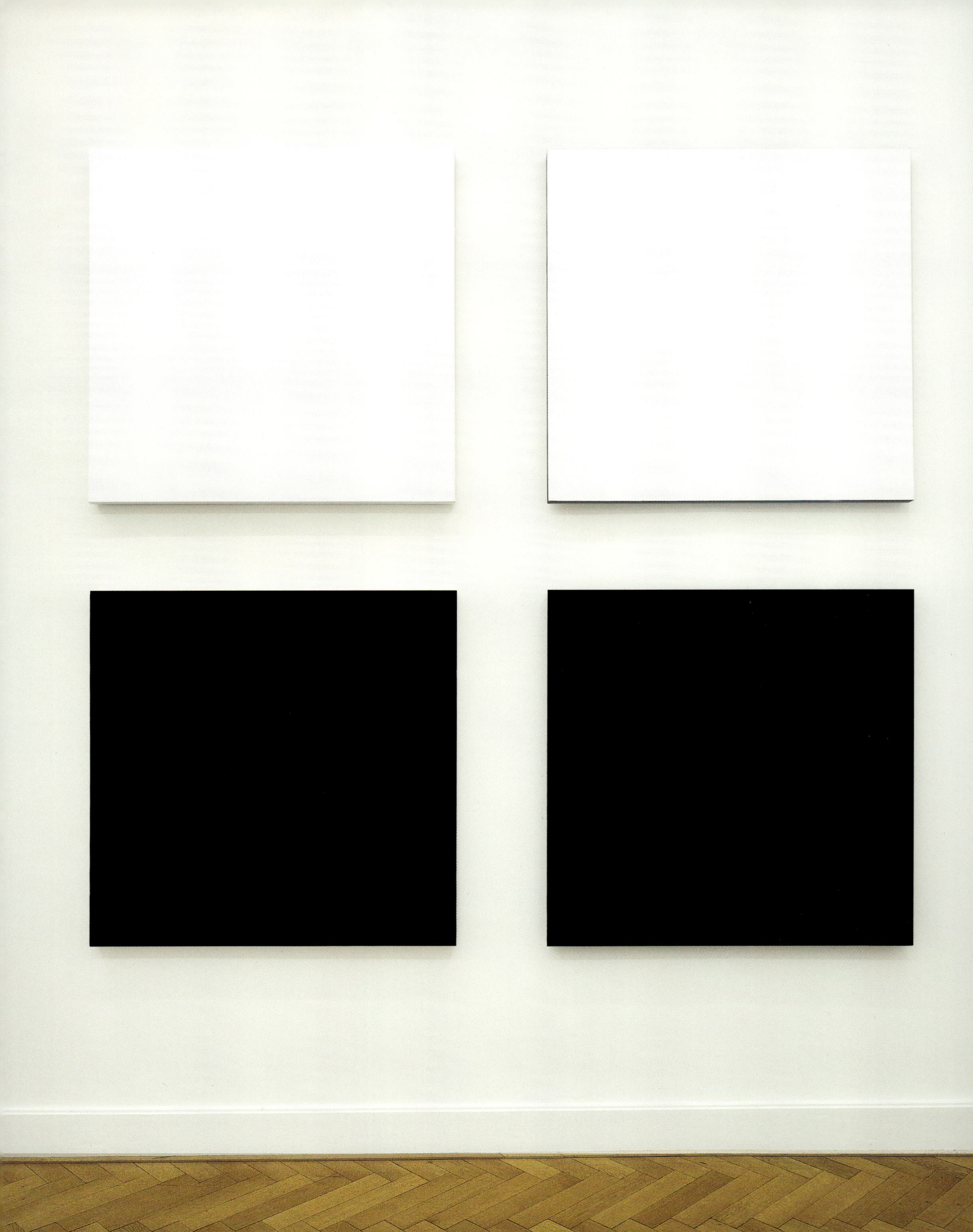

- Ohne Titel
  1969
  ein weißes quadratisches Bild mit vier weißen Seiten
  ein weißes quadratisches Bild mit vier schwarzen Seiten
  ein schwarzes quadratisches Bild mit vier weißen Seiten
  ein schwarzes quadratisches Bild mit vier schwarzen Seiten
  je 120 x 120.2 x 5 cm

▪ s 0.8 w 0.6
1967
hochrechteckiges Bild
mit vertikalen schwarzen und weißen Streifen
161.2 x 130.1 x 5.1 cm

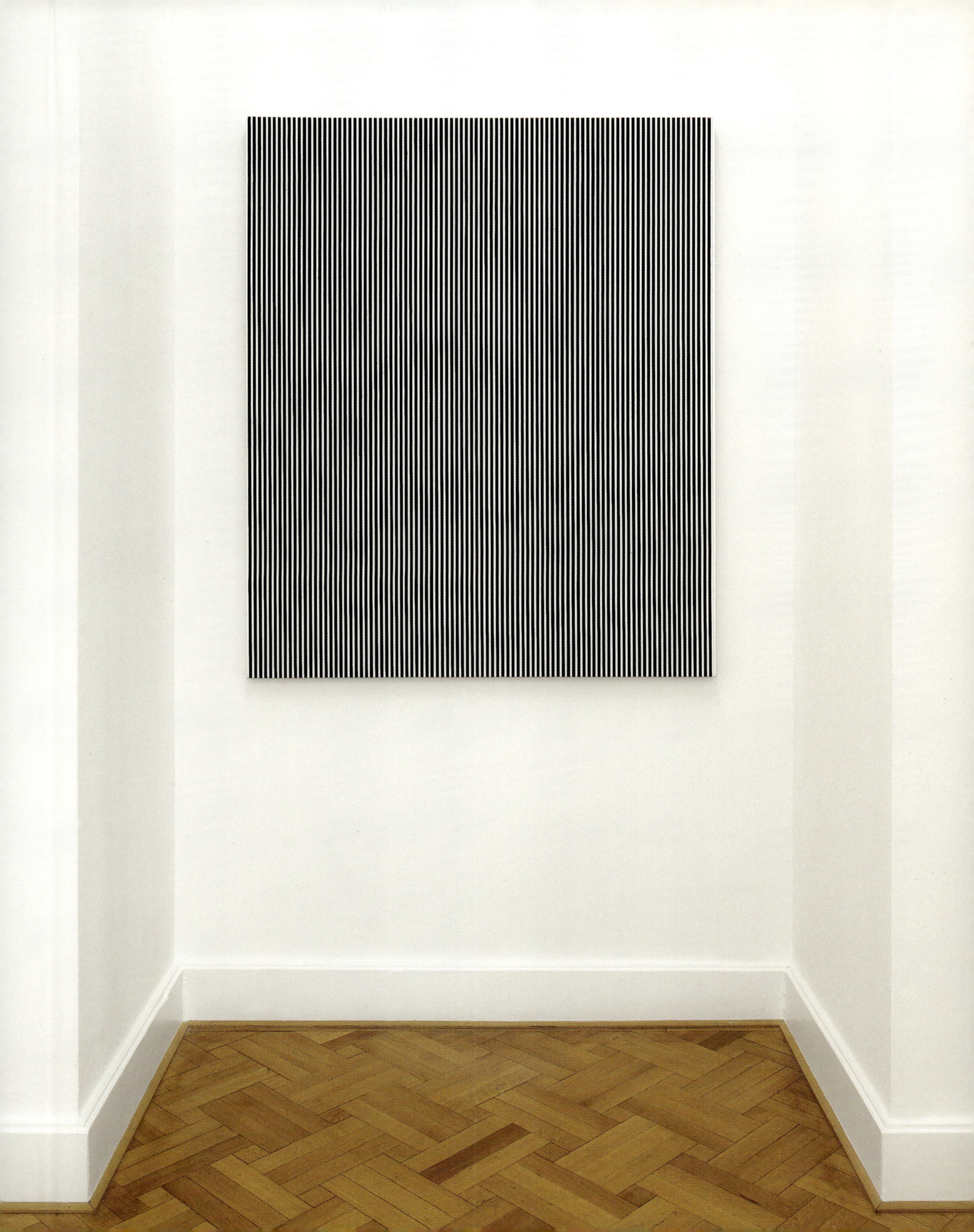

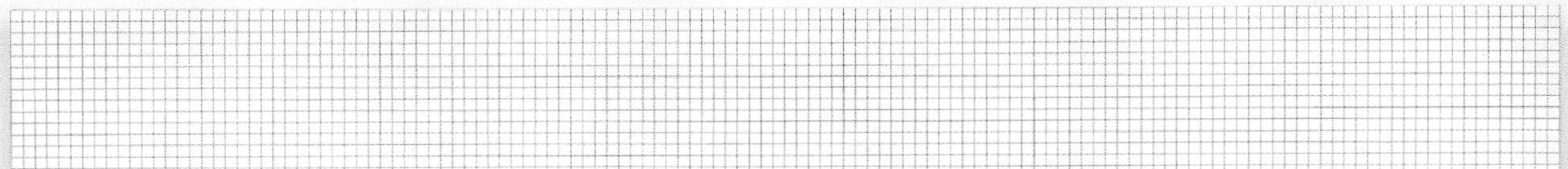

- Karo 20 / 20
  1967/68
  querrechteckiges weißes Bild mit Raster 20 x 20 cm
  160 x 260.5 x 4.4 cm

- Karo 2 / 2
  1967/68
  querrechteckiges weißes Bild mit Raster 2 x 2 cm
  160.7 x 261 x 4.4 cm

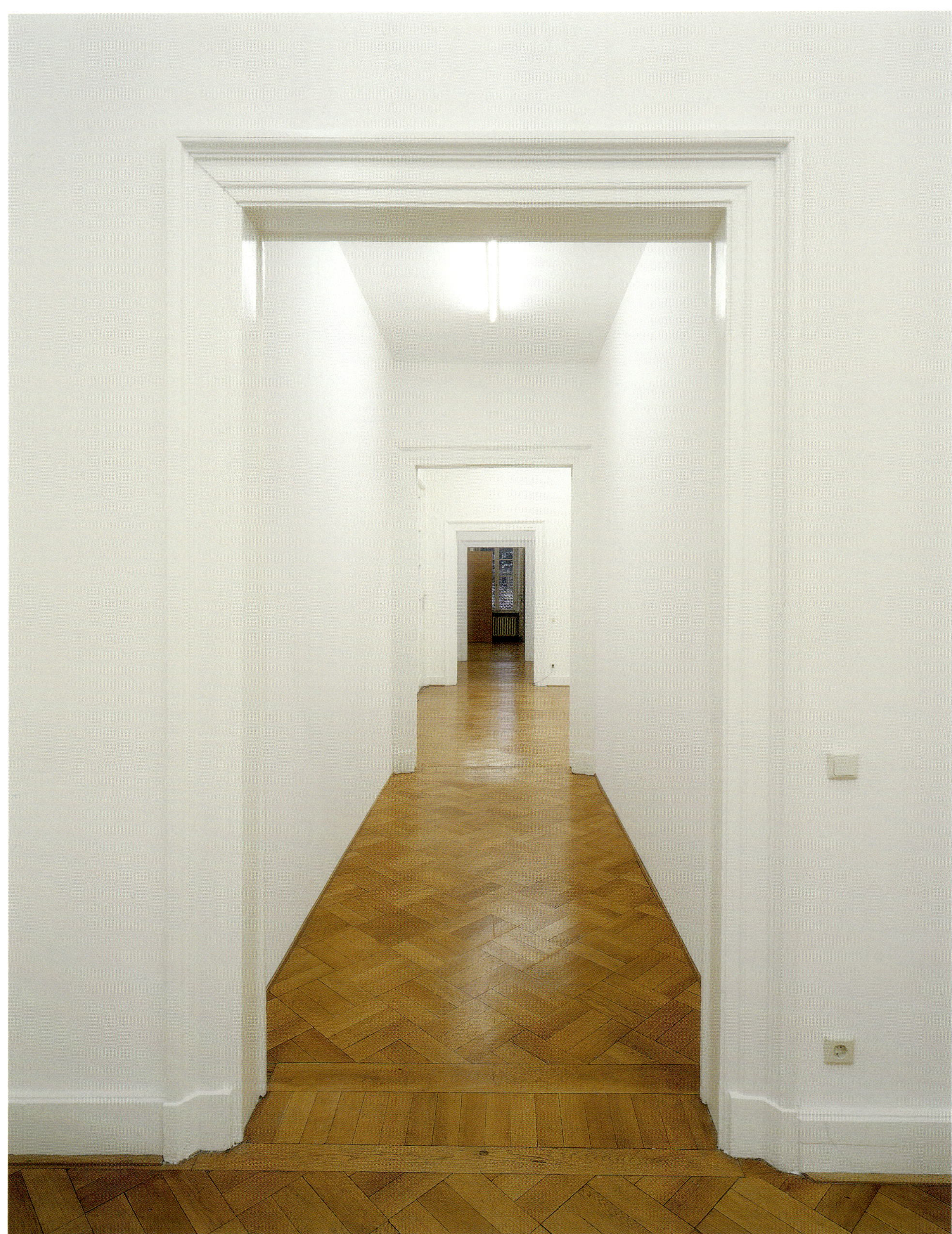

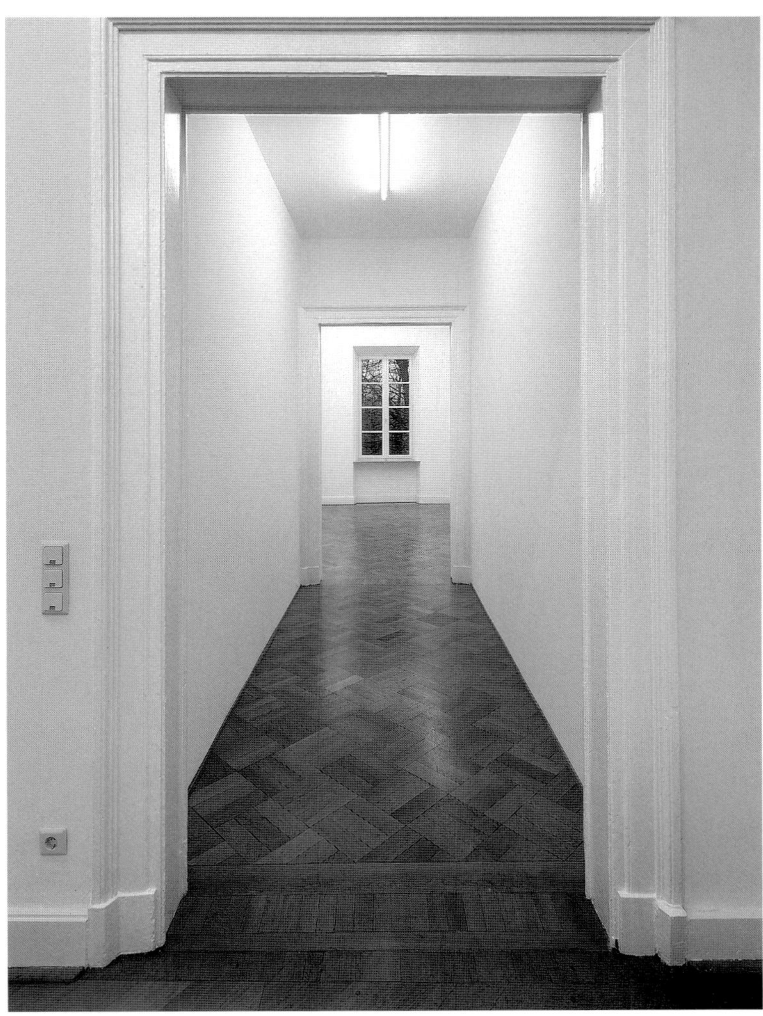

▪ Veränderter Raum, 1971/86/2002
erstmalig gezeigt bei der Ausstellung
„Prospect 71" in Baden-Baden als
Gemeinschaftsarbeit von Imi Knoebel
und Palermo

- Ohne Titel
  1967/68
  16 quadratische weiße Bilder
  mit Mittelteilungen
  in einer 4 x 4-Anordnung
  je 60 x 60 x 3 cm

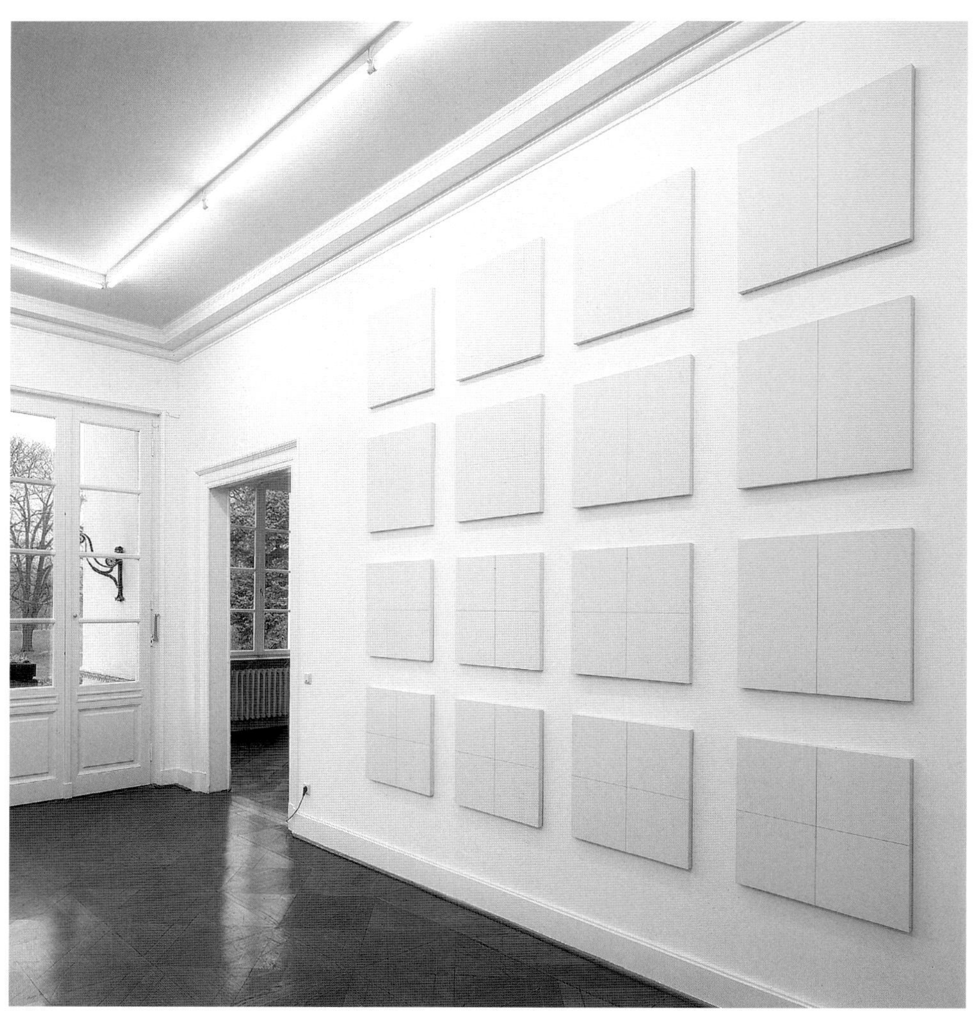

- Ohne Titel
  1967/68
  16 quadratische weiße Bilder
  mit Mittelteilungen
  in einer 4 x 4-Anordnung
  je 60 x 60 x 3 cm

- Schwarzes Kreuz
  1968
  4 Teile je 99.5 x 99.3 x 5.1 cm
  Gesamtmaß 308 x 208 cm

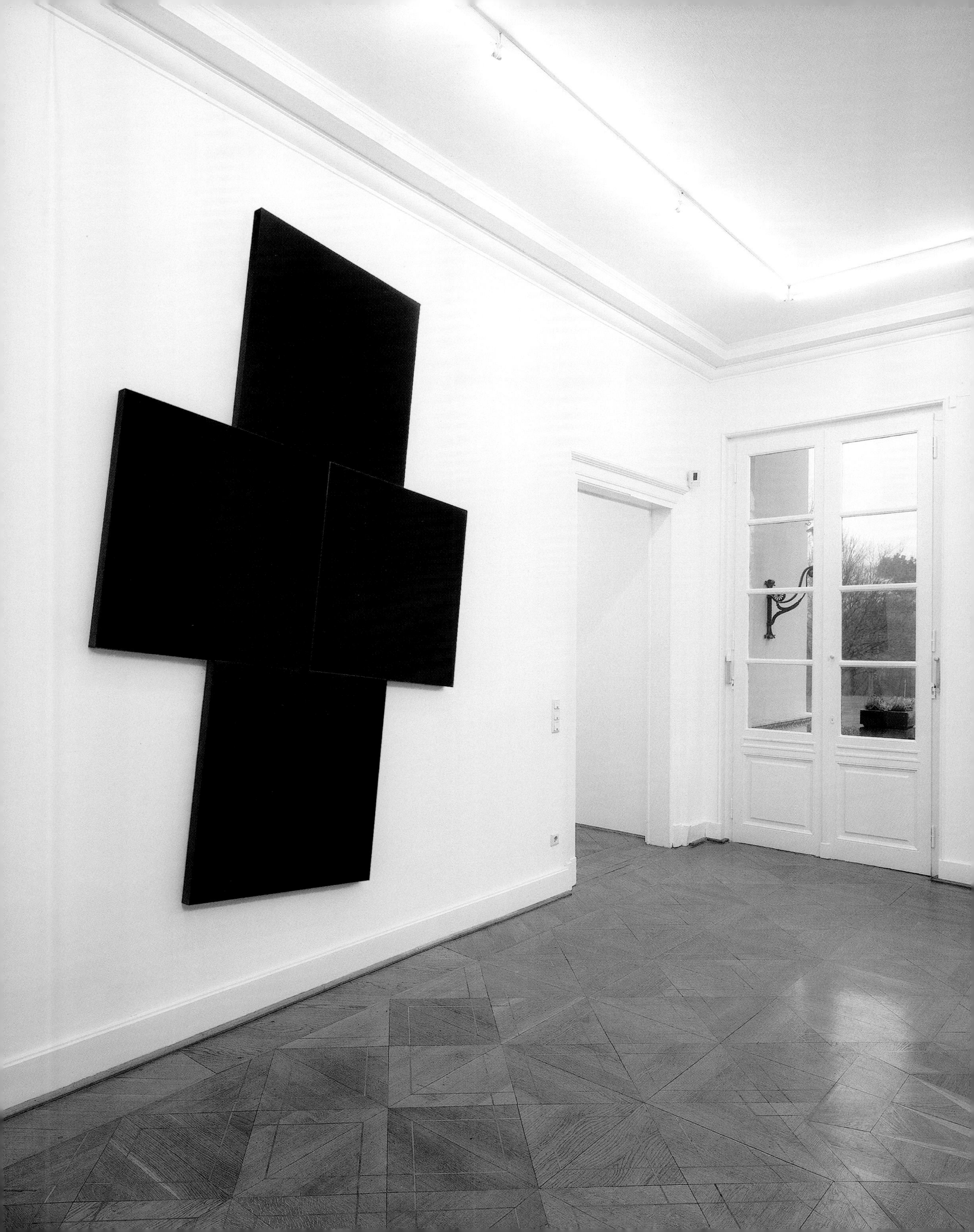

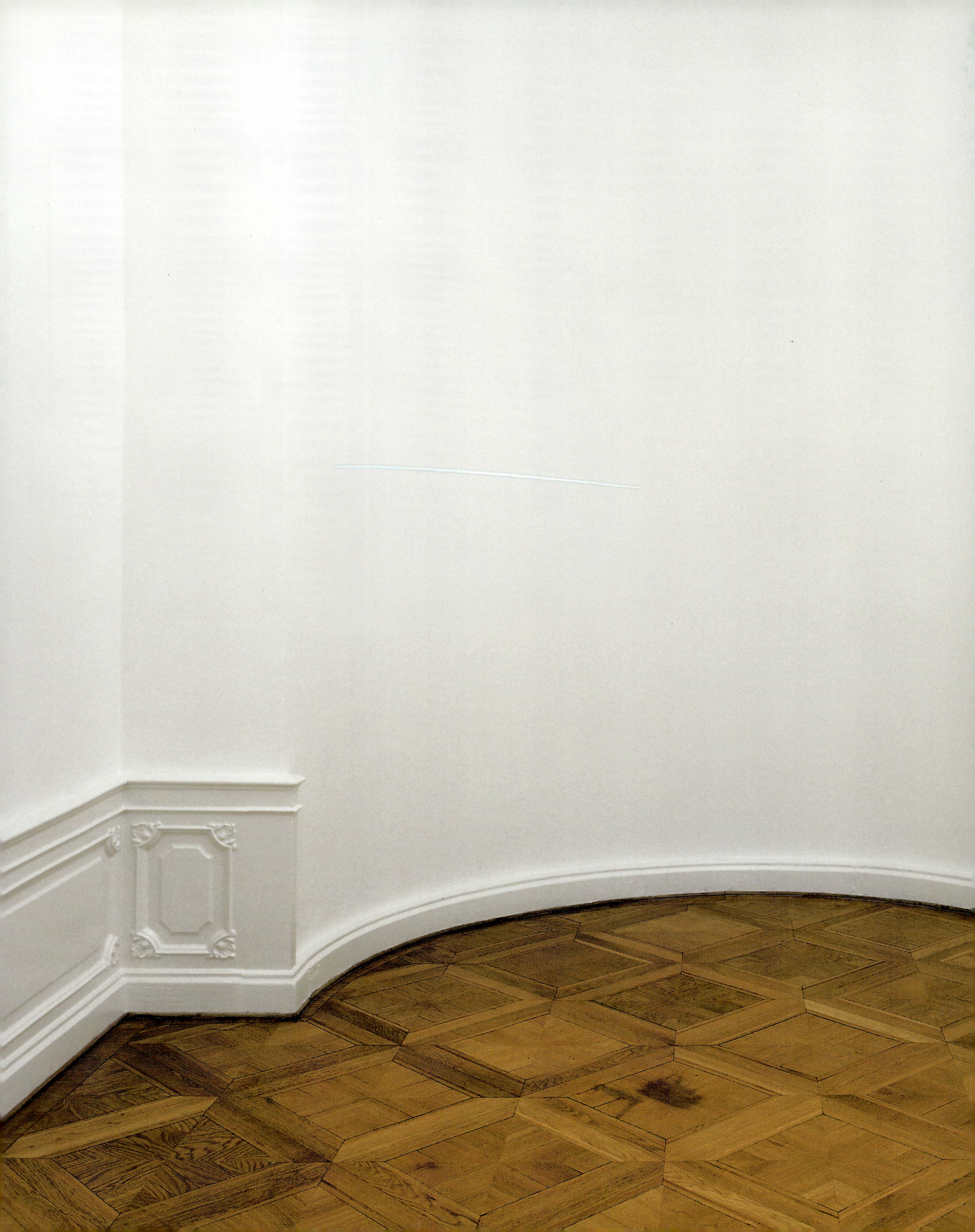

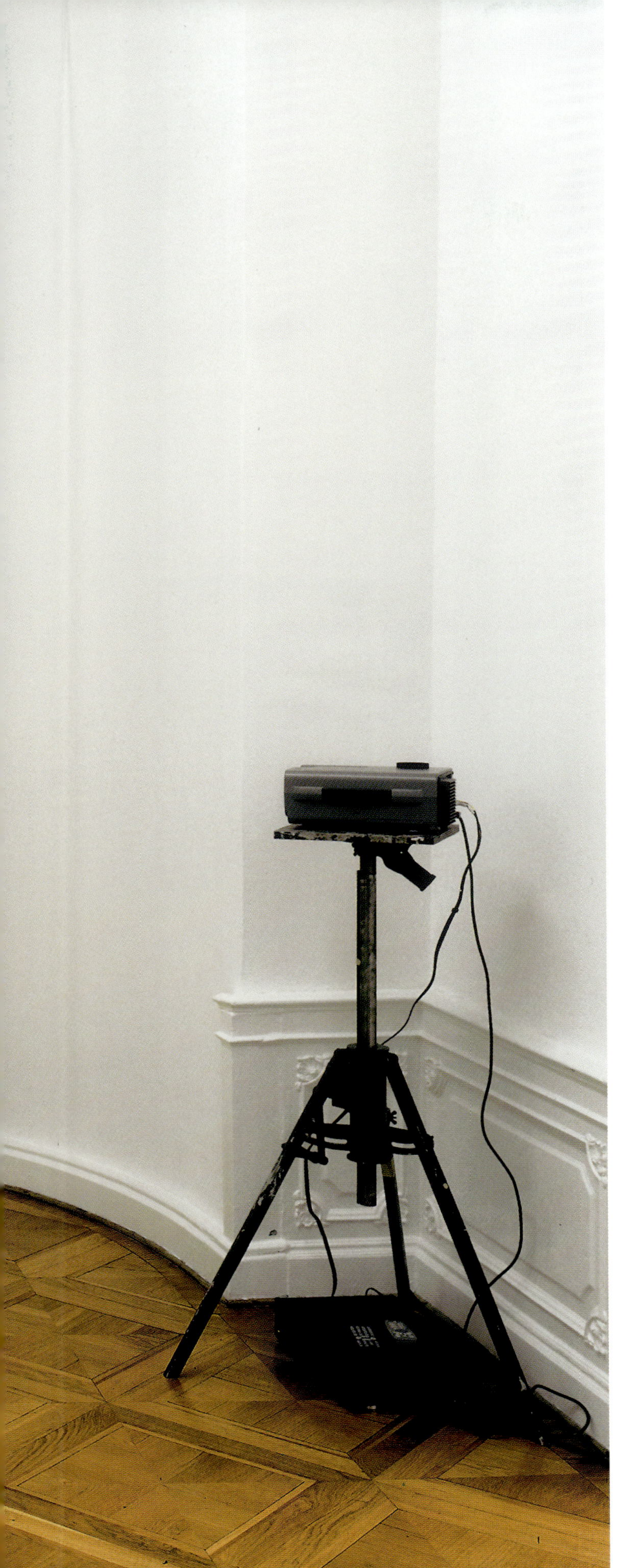

■ Projektion
1968
Eine Linie

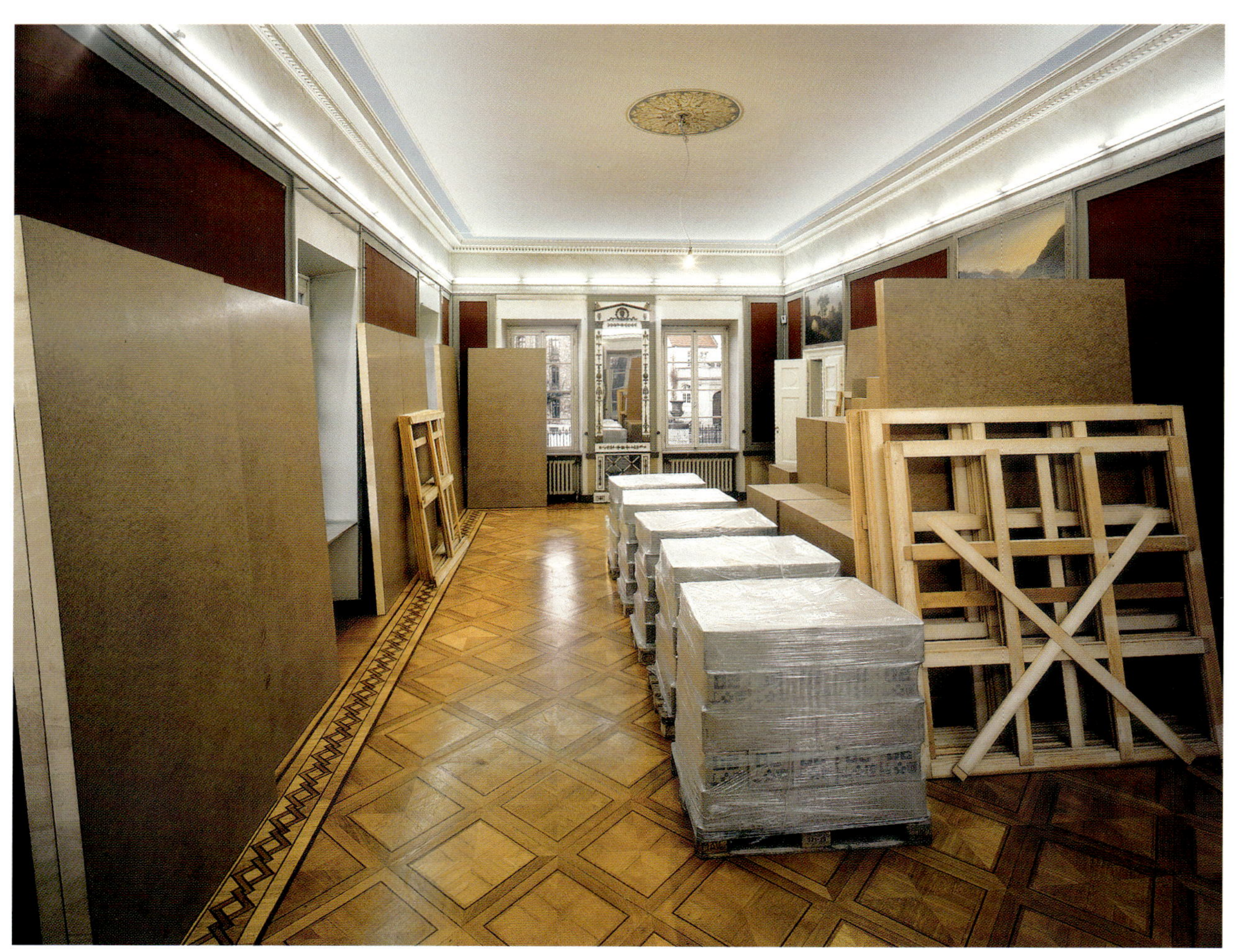

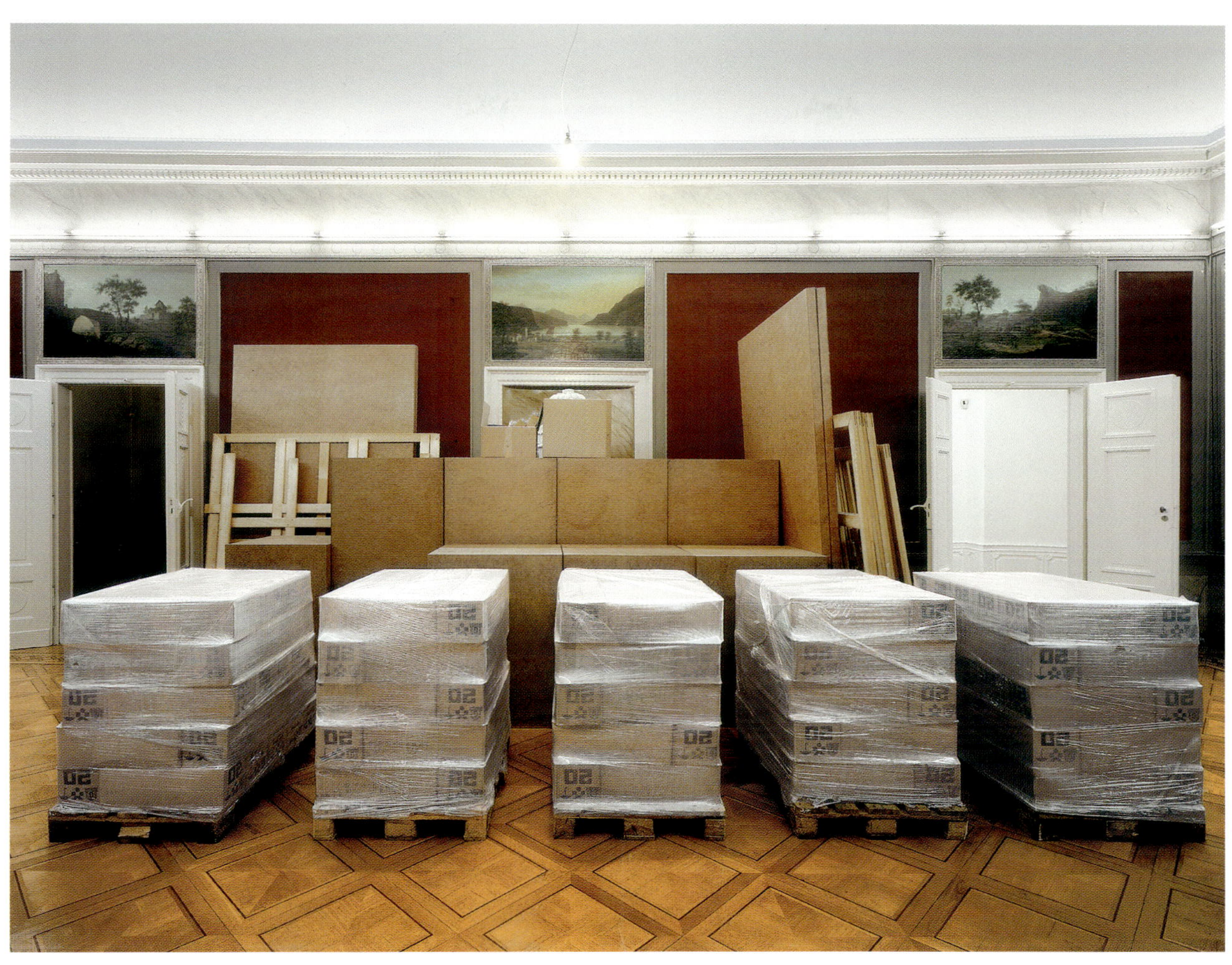

- Kontor
  1990/97/98
  Hartfaser, Keilrahmen, Pappkartons,
  Kehrwalzen, IMI Starkreiniger

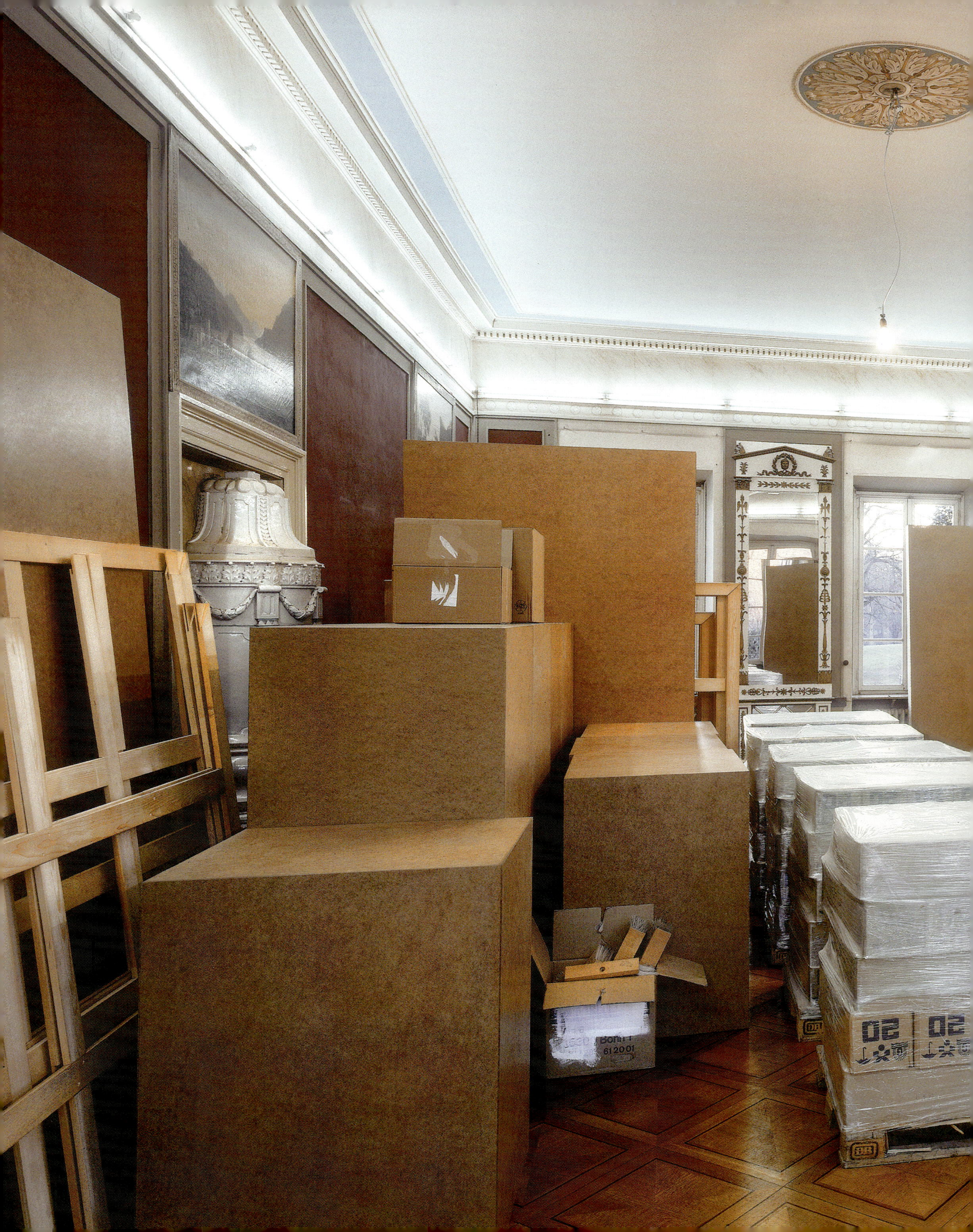

- Ohne Titel
  1968
  hochrechteckiges weißes Bild
  mit 87 vertikalen Linien im Abstand von 15 mm
  159.8 x 130.1 x 4.4 cm

- Ohne Titel
  1968
  hochrechteckiges weißes Bild mit 93 vertikalen Linien im Abstand von 14 mm
  159.6 x 129.8 x 4.4 cm

- Ohne Titel
  1968
  hochrechteckiges weißes Bild mit 100 vertikalen Linien im Abstand von 13 mm
  159.7 x 129.6 x 4.5 cm

- Ohne Titel
  1968
  hochrechteckiges weißes Bild
  mit 108 vertikalen Linien im Abstand von 12 mm
  160 x 129.6 x 4.3 cm

- Ohne Titel
  1968
  hochrechteckiges weißes Bild mit 119 vertikalen Linien im Abstand von 11 mm
  159.8 x 130.2 x 4.3 cm

- Ohne Titel
  1968
  hochrechteckiges weißes Bild mit 130 vertikalen Linien im Abstand von 10 mm
  160.4 x 130 x 4.8 cm

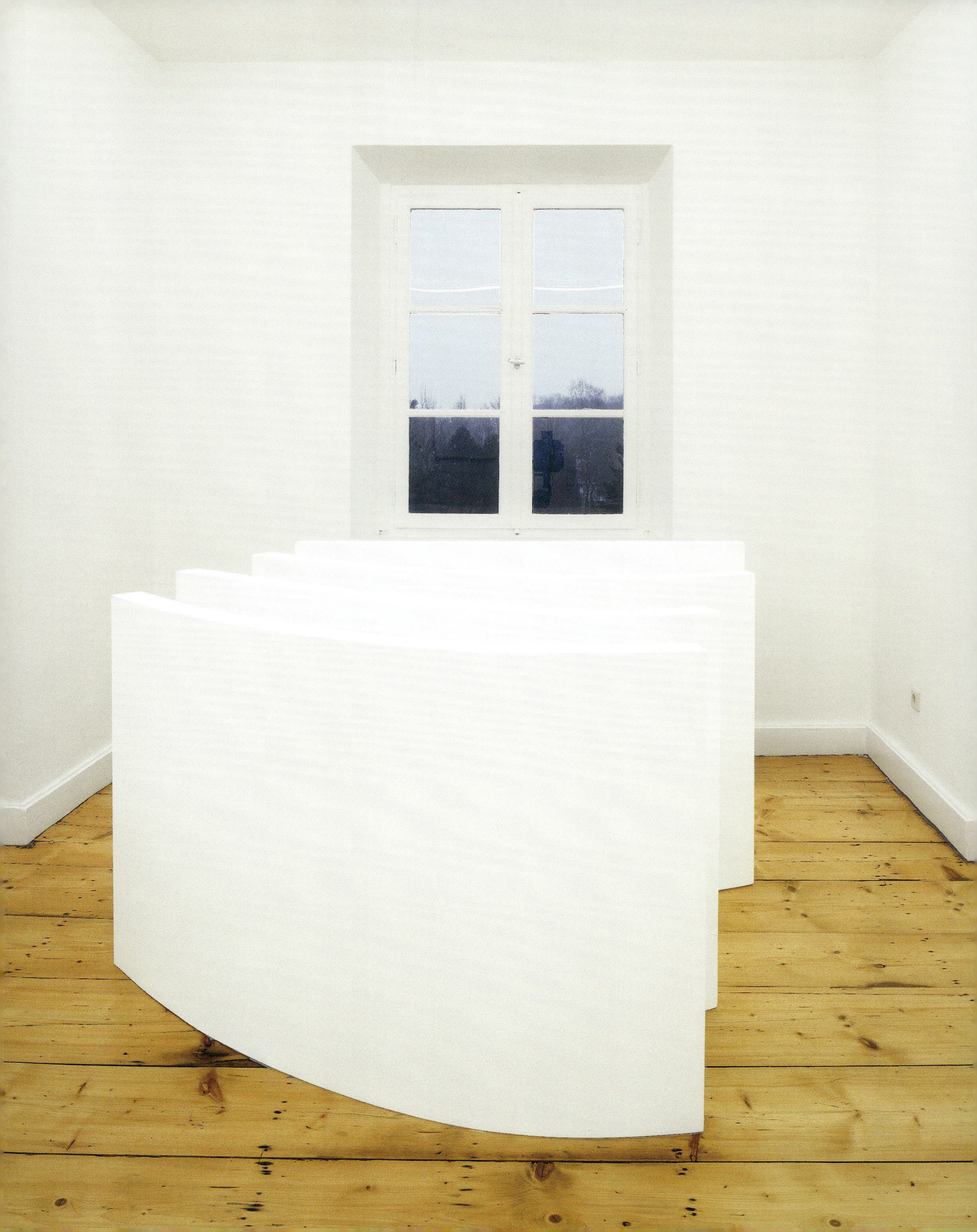

- Ohne Titel
  1967
  Acryllack auf Holz
  100.2 x 221.6 x 196.5 cm

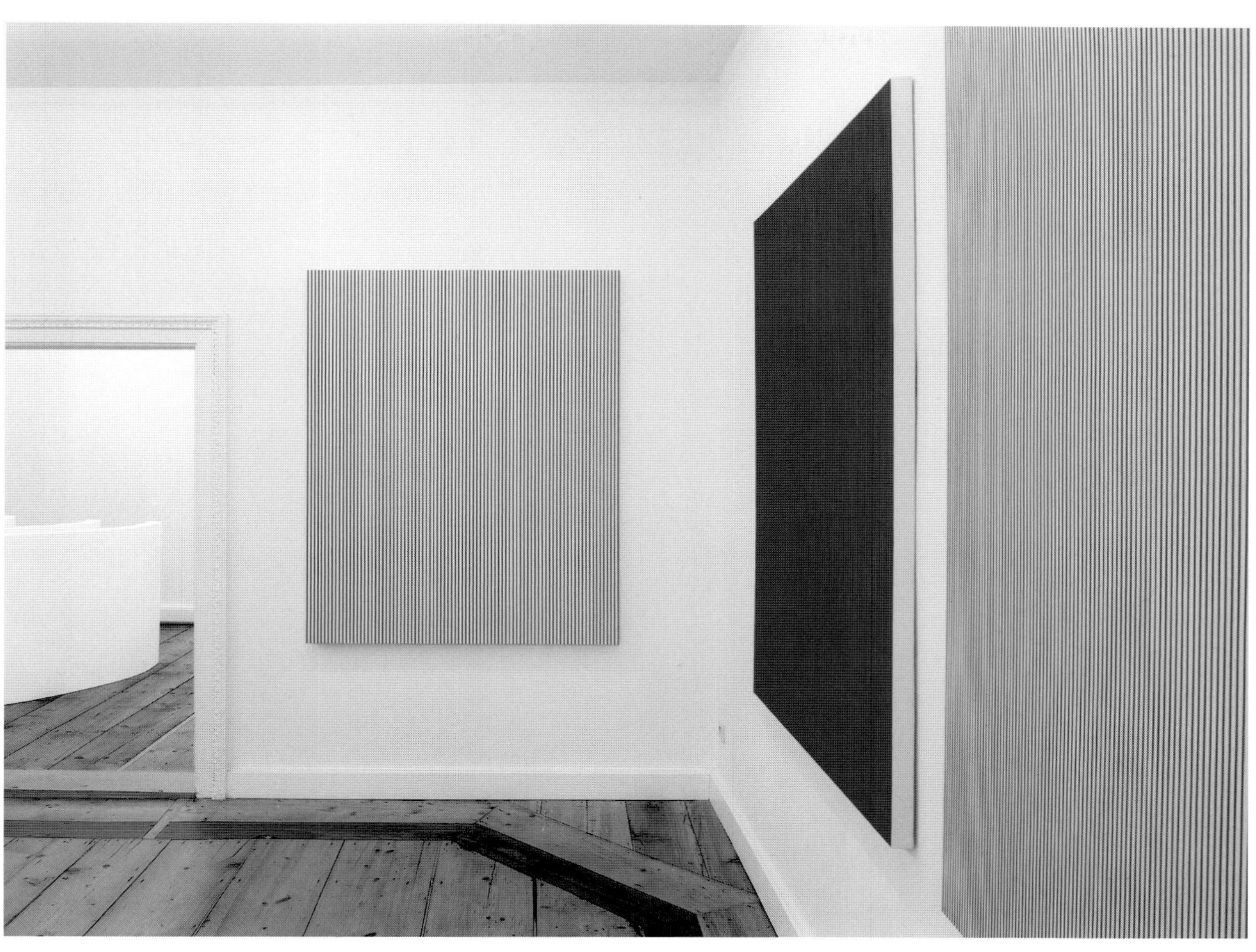

▪ s 0.6 w 1.0
  1967
  hochrechteckiges Bild
  mit vertikalen schwarzen und weißen Streifen
  160.5 x 130.3 x 4.4 cm

▪ s 0.9 w 0.2
1967
hochrechteckiges Bild mit vertikalen schwarzen und weißen Streifen
160.4 x 130.5 x 4.4 cm

▪ s 0.3 w 0.6
  1967
  hochrechteckiges Bild mit vertikalen schwarzen und weißen Streifen
  160.3 x 130 x 4.9 cm

▪ s 0.5 w 0.5
1967
hochrechteckiges Bild
mit vertikalen schwarzen und weißen Streifen
160.3 x 130.1 x 4.8 cm

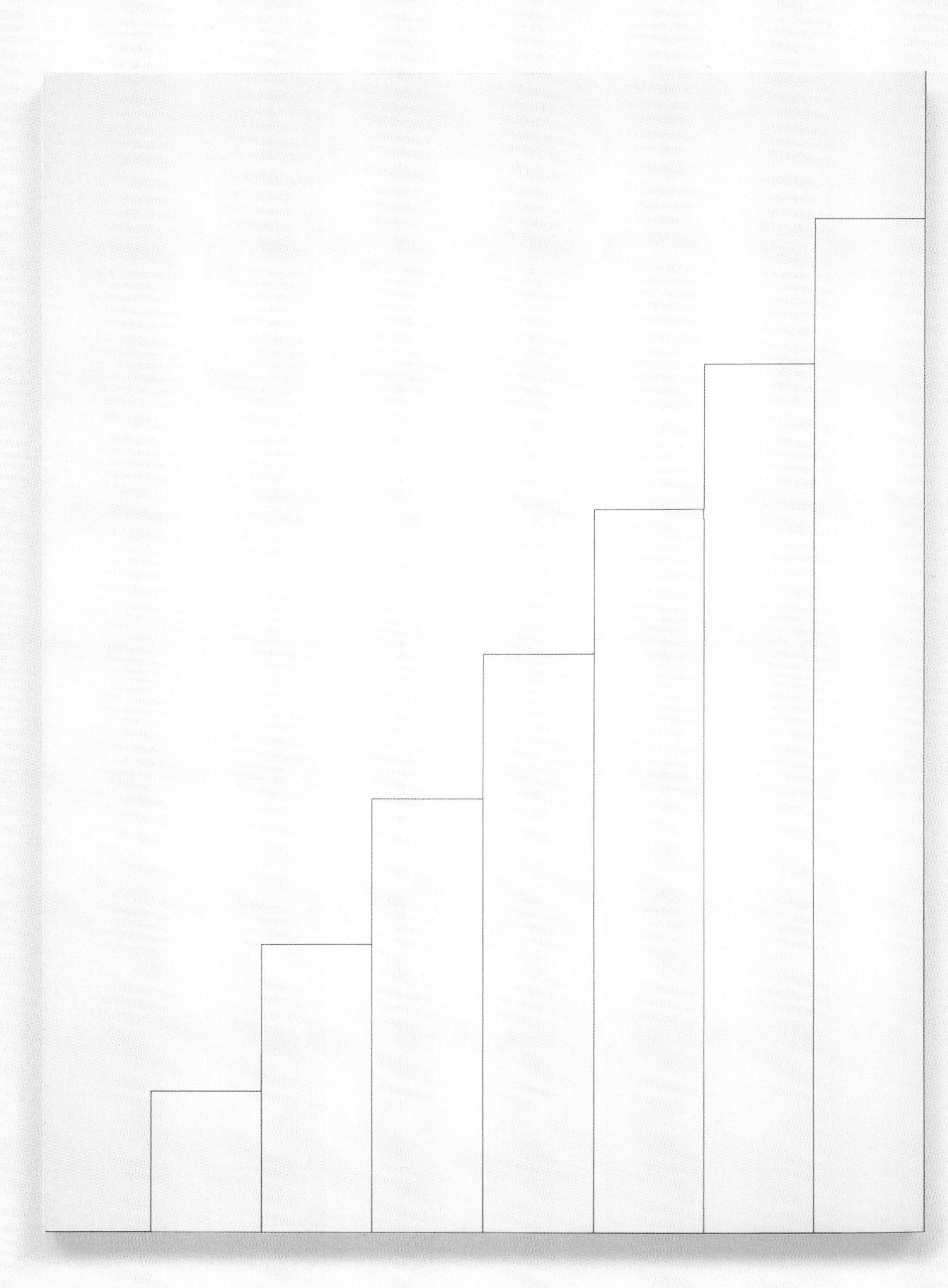

- Treppe
  1967
  hochrechteckiges weißes Bild
  mit ansteigender Treppenlinie
  155.6 x 114.8 x 4.2 cm

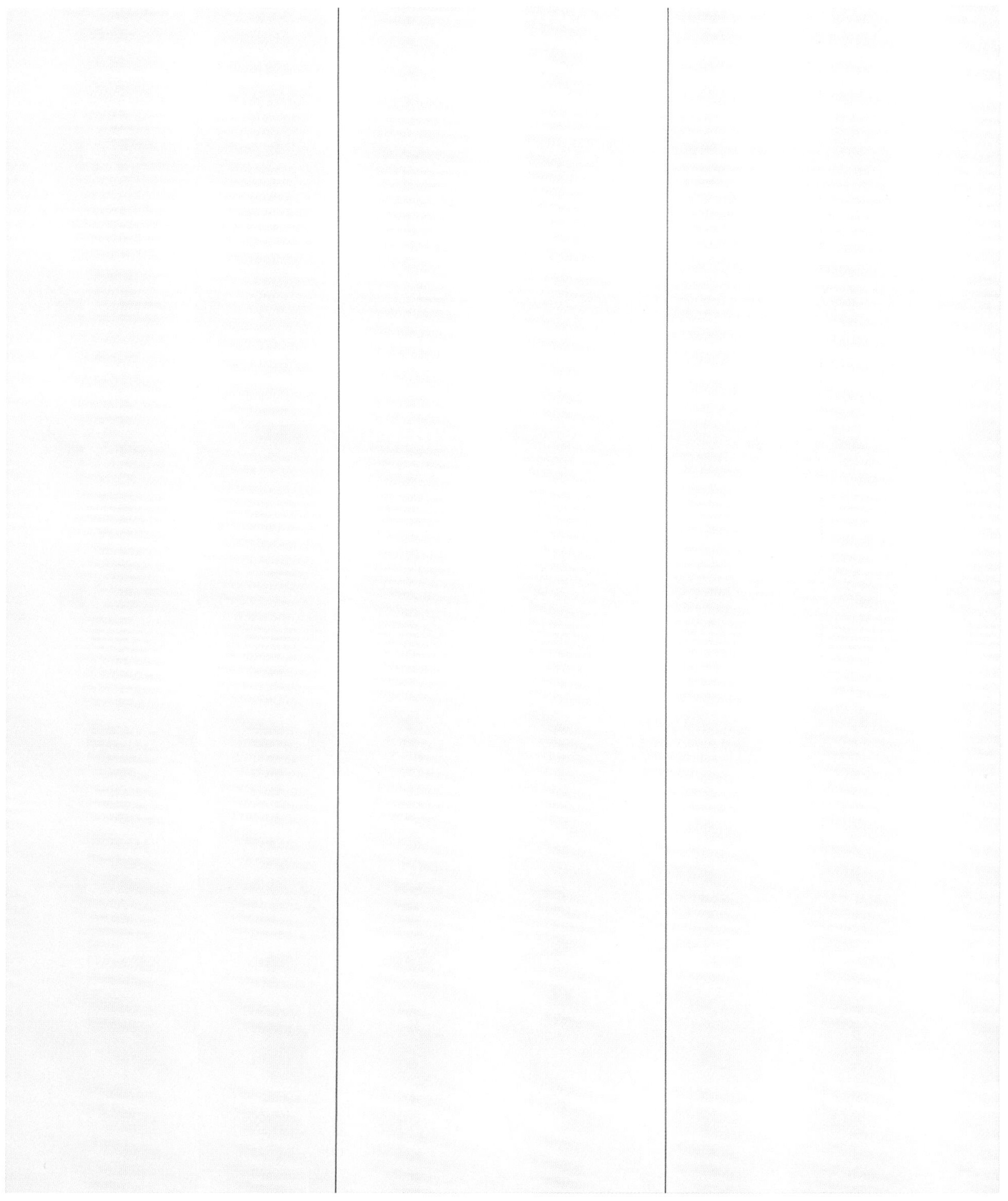

- Ohne Titel
  1967/68
  hochrechteckiges weißes Bild mit vertikaler Teilung 1/3 1/3 1/3
  160.5 x 130 x 5.1 cm

- Ohne Titel
  1967/68
  hochrechteckiges weißes Bild mit vertikaler Teilung 1/6 1/3 1/3 1/6
  160.2 x 130 x 5.2 cm

IMI KNOEBEL „IMI GEGEN GROBEN SCHMUTZ" ▪ ROLAND WÄSPE

Natürlich ist der Titel politisch gemeint, den Imi Knoebel für seine aktuelle Ausstellung im Braunschweiger Kunstverein gewählt hat. Das überrascht kaum, denn der Hintergrund, auf dem der Künstler sein Schaffen in den sechziger Jahren entwickelte, war die Zeit eines vehementen Aufbruchs an der Düsseldorfer Akademie. Die sich in den sechziger Jahren radikalisierende Studentenbewegung, die über die Reformierung des Hochschulwesens hinausgehende politische und gesellschaftliche Veränderungen verwirklichen wollte, erlebte ihren Kulminationspunkt 1967/68. Der „Warencharakter alles Kulturellen", wodurch der Mensch seiner sozialen Fähigkeiten beraubt und einer „totalen Repression" unterworfen werde, stand im Visier der damaligen Gesellschaftskritik. Joseph Beuys (1921–1986), Professor für Monumentalskulptur, erschütterte mit seinem „erweiterten Kunstbegriff" nicht nur Mitdozenten und Politiker, sondern veränderte mit seinem anthropologischen Ansatz die Möglichkeiten von Kunst grundsätzlicher. So gehört es im Rückblick denn auch zu den bemerkenswerten Phänomenen der aktuellen Politik, daß die heute an den Schaltstellen der Macht wirkende 68er Generation sich ihrer eigenen Grundlagen offenbar nicht mehr bewußt ist.

„IMI GEGEN GROBEN SCHMUTZ" ist nichts weiter als ein Werbeslogan für das Putzmittel „IMI", das in der DDR noch weit über sein marktwirtschaftliches Verfallsdatum hinaus produziert worden war und das die reizvoll-verwirrliche Parallelität des Namens mit der von IMI & IMI, Wolf Knoebel und Rainer Giese (1942–1974), gefundenen Identität gemein hat. Es dürfte gewollt sein, daß das politisch Brisante und das konsumtiv Banale auf einer Ebene anzutreffen sind, scheinen die aktuellen Schlagworte der Politik doch ähnlich simpel gestrickt zu sein, während die von der 68er Bewegung scharf kritisierte Medienmonopolisierung in der heute realisierten Form das ihrige zur Beschleunigung von Irr- und Selbstläufern beiträgt.

Imi Knoebel präzisiert in dieser Ausstellung. Er befragt das Geschaffene der späten sechziger Jahre und prüft es auf eine Relevanz aus aktueller Sicht. Er läßt die Breite und Freiheit seiner damaligen Recherchen aufscheinen, gibt Hinweise zu den zugrundeliegenden Verknüpfungen und der weiterführenden Entwicklung seines Werkes. Er gewährt dem Betrachter augenzwinkernd einen jener seltenen Einblicke in seine Denkbewegungen und legt inhaltliche Verbindungen zwischen älteren und neueren Arbeiten dar. Und, wie immer bei Imi Knoebel, gibt es einiges zu entschlüsseln in einem Rundgang, der erstmals die frühen Tafelbilder der Jahre 1966 bis 1968 mit einer vierteiligen Skulptur aus dem Jahre 1967 zusammenführt, der einen beiläufigen Blick auf eine kleine Fotografie der nachfolgenden Linienprojektionen im Stadtraum von Düsseldorf gewährt und eine horizontale Lichtlinie in einem Kabinett mit runden Wänden eine seltsam abfallende Kurve beschreiben läßt. Er inszeniert mit Lust eine Passage, die mancher Besucher als Kunstwerk schlicht übersehen wird. Die Villa des Kunstverein Braunschweig ist in ein neues Environment verwandelt, das schlaglichtartig – wie die kahle Glühbirne in der raumfüllenden Installation *Kontor* von 1990/97/98 und mit gleicher Schärfe – das vielschichtige Zusammenspiel von IMIs Arbeiten der späten sechziger und frühen siebziger Jahre beleuchtet. Man glaubt sich dieser Zeit plötzlich nahe, die kunsthistorische Distanz zerspringt und gewinnt eine politische Aktualität, die offensichtlich wird.

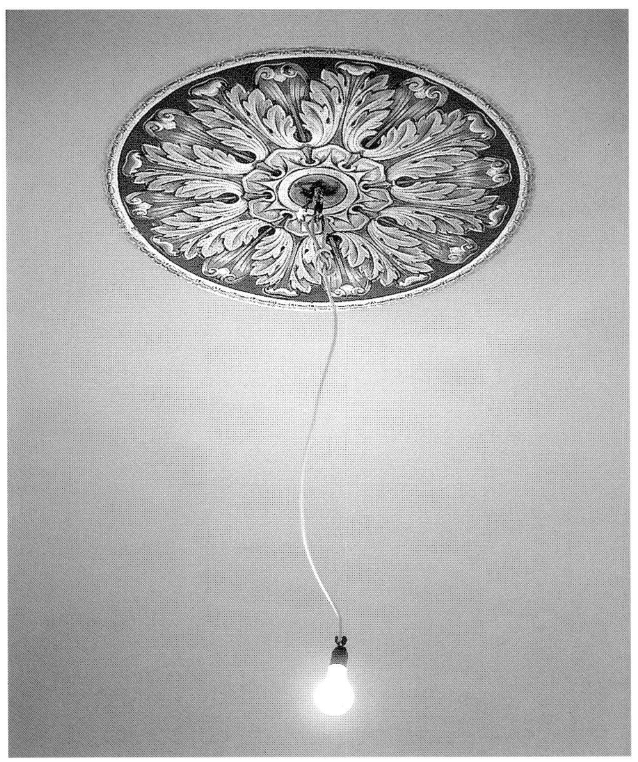

Kontor

Der rote Saal ist leergeräumt, wie die ehemaligen Landgüter im Osten, bereit für einen neuen Anfang. Der Titel der gezeigten Arbeit *Kontor* folgt dem Namen für Handels-

"

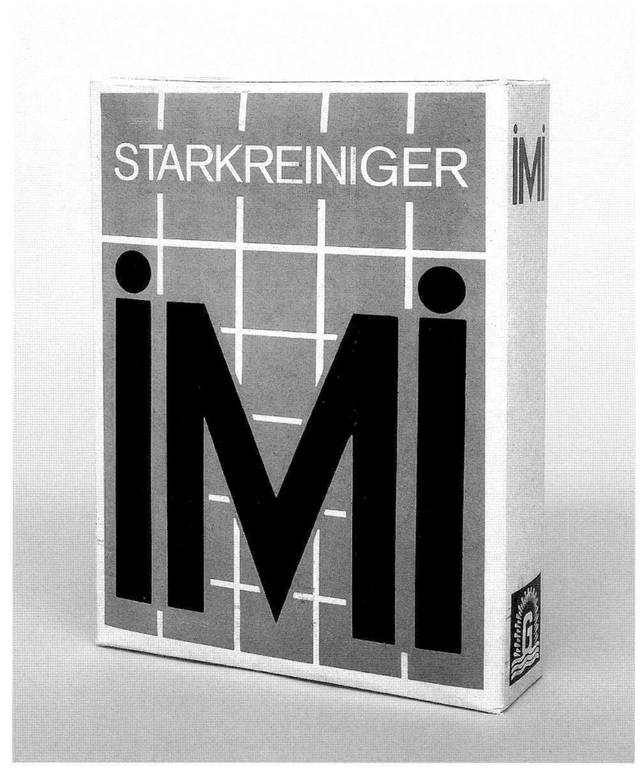

niederlassungen, oder in der DDR der Handelszentrale zwischen Industrie und Einzelhandel. Stufenweise hat Imi Knoebel diese Installation zwischen 1990 und 1998 entwickelt und in dieser Ausstellung neu eingerichtet. An Ort ergänzt wurde eine von der Decke an zwei einfachen Drähten hängende, nackte Glühbirne. Ihr scharfes Licht beleuchtet nun die braunen Hartfaserkuben und -paneele, die Akkumulation von Keilrahmen, die Besen mit weißlich transparenten Kunststoffborsten. „Kehrwalzen" – so der DDR-Sprachgebrauch – legen das Potential ihrer Reinigungskraft ebenso offen wie die auf 5 Paletten sauber in Transparentfolie eingewickelten Pakete mit IMI-Scheuerpulver.

Wenn Imi Knoebel im August 1990 bei der Waschmittel GmbH Genthin, DDR-3280, insgesamt 10 Paletten, etwa 7500 Pakete des gängigen Starkreinigers mit nachgedruckten Umschlägen – die originalen Druckplatten der gewünschten älteren Verpackung waren noch vorhanden – produzieren ließ, so verband er die in den sechziger Jahren gefundene Identität „IMI & IMI" mit dem gängigen DDR-Waschmittel. Die Gebrauchsanweisung auf der Rückseite der Packung, in der Neutralität einer Verbrauchsgüterbeschreibung wie sie nur in Deutschlands Osten erfunden werden konnte, war objektiv lapidar und gerade in dieser Kargheit des Sprachgebrauches für neue Deutungen offen: „IMI ist ein vielseitig verwendbarer Starkreiniger zum Entfernen von Verschmutzungen verschiedenster Art…"

Imi Knoebel verbrachte die Kindheit von 1941 bis 1950 in Grumbach bei Dresden und kam als Nachzüger erst mit zehn Jahren mit seinen vier Geschwistern und der Mutter nach Mainz. Die persönliche Biografie verbindet sich mit der prägenden Teilung Deutschlands. Sie wird im *Kontor* zum Sinnbild. Zusammen mit Rainer Giese war Wolf Knoebel nach der Ausbildung an der Werkkunstschule in Darmstadt, wo sie sich bereits als Gespann IMI & IMI formiert hatten, 1964 nach Düsseldorf gekommen. Den Anlaß dazu – „dem müssen wir helfen"[1] – bot jenes berühmte Zeitungsfoto einer Aktion von Beuys an der Technischen Universität in Aachen (20. Juli 1964), während der er von einem rabiaten Studenten blutig geschlagen worden war. Was IMI & IMI in den Jahren in ihrem Raum 19, dem Atelierraum, den Joseph Beuys ihnen zur Verfügung stellte, tatsächlich erkundeten, hatte wenig mit dessen eigener Arbeit zu tun, höchstens insofern, als das Umfeld – der Kunstbegriff war größtmöglich auf die Lebenspraxis hin geöffnet – eine Grundlagenforschung nahelegte, ja geradezu erzwang. IMI & IMI waren fasziniert vom Schwarzen Quadrat. „Das war für uns das Phänomen, das uns völlig eingenommen hatte, das war der eigentliche Umschlag. Mit diesem Bewußtsein sind wir regelrecht mit Malewitsch hausieren gegangen."[2] Mit „Der gegenstandslosen Welt" in der Tasche und Kahlköpfen in der Art der Revolutionskünstler entdeckten sie, ohne je ein Original des Meisters gesehen zu haben, Malewitschs Entmaterialisierung der Kunst in einer gegenstandslosen, aus reinen Empfindungsformen erbauten Welt und verknüpften sie mit Beuys' Potential der Materie als Speicher und Transformator von Energien.

Die Installation *Kontor* ist eine Erinnerung an Räume in der ehemaligen DDR und sicherlich eine Referenz an den wegweisenden *Raum 19* an der Düsseldorfer Akademie, der schließlich das gesamte Potential des Tafelbildes barg. Max Wechsler nannte ihn das „Basislager von Imi Knoebels Expeditionen in die Welt zwischen den Kategorien".[3] Der Keilrahmen, als potentieller Bildträger, thematisiert im *Kontor* die Unmöglichkeit des Bildes: „Das Dürftigste[,] Bildermalen geht nicht mehr. ‚Das Bild'? die Suche nach DEM Bild[.] ‚DAS BILD' ist gar nicht malbar. Du bist kein

Maler, willst aber ein Bild – da hast du es! Das sonst Versteckte nach vorne bringen! Was hinter den Bildern ist, ist selbst das Bild."[4] Das mögliche Scheitern im unbesetzten Feld, die Zweifel an der Realisierbarkeit werden nicht ignoriert, sondern in die Evolution des Systems eingefügt. Das Mit- und Gegeneinander möglicher Positionen steckt einen neuen Bildbegriff ab. Für den Betrachter hat das *Kontor* die Funktion eines Bewußtwerdens der Wahrnehmung innerhalb der Ausstellungsabfolge im Braunschweiger Kunstverein. Viel besser als jede subjektive Beschreibung der feingliedrigen Installation vermögen die fotografischen Aufnahmen die subtile Positionierung der Einzelelemente darzulegen, die immer wieder auch spannende Bezüge zum Gebäude und zu anderen Werken in der Ausstellung nahelegen.

Linienbilder

Die weiteren Räume der Villa sind hauptsächlich mit Werkgruppen aus der Serie der *Linienbilder* ausgestattet, an der Imi Knoebel zwischen 1966 und 1969 arbeitete und die gesamthaft an die neunzig Tafeln umfaßt. Er selbst bezeichnete sie als „ein Herantasten an die Kunst überhaupt".[5] Mit Dachlatten verstärkte Hartfaserplatten überspannte er mit weißem Linnen und grundierte dieses mit weißer oder schwarzer Dispersion. Auf diesen Bildkörper mit variierender Tiefe von 4 bis 5 cm wurden mit Reißfeder und Tusche horizontale und vertikale Linien gezogen. In Einzelwerken und Serien von Bildern erprobte er verschiedene Rasterungen und Teilungen der weißen bzw. schwarzen Bildfläche. Es besteht in diesen frühen *Linienbildern* „noch eine Bindung an das klassische Tafelbild, das eine vom Ausstellungsort unabhängige Bildeinheit schafft",[6] doch zeigen sich – abgesehen von der Farbe – bereits wesentliche Elemente von Imi Knoebels späterem Schaffen: die konsequente Erforschung aller dem Tafelbild inhärenten Eigenschaften wie Fläche, Kante, Format, Struktur und Bildkörper.

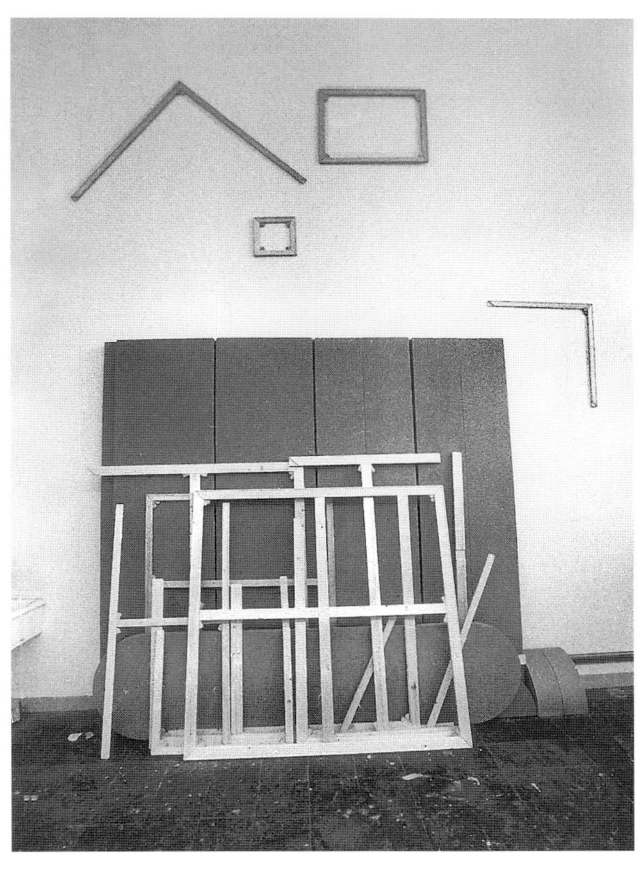

Schreitet man von der runden Foyerhalle dem einströmenden Tageslicht entgegen, so trifft man im Gartensaal auf das schräg aus der Achse gerückte *Schwarze Kreuz* von 1968, das seine Doppeldeutigkeit zwischen dem christlichen Symbolzeichen schlechthin und vier neutral aneinander stoßenden quadratischen Grundformen großartig ausspielt und zudem die Vervierfachung von Malewitschs Nullform des Schwarzen Quadrates auf weißem Grund darstellt. Für den Betrachter ist leicht zu durchschauen, daß die Konstruktion einer Bedeutung immer kontextuell bedingt ist. An der Wand gegenüber werden auf einer 4 x 4-Anordnung von 16 weißen quadratischen Tafeln die horizontale und vertikale Teilung des Bildfeldes in einer systematischen Kombinatorik durchgespielt, wobei sich in der untersten Reihe in allen vier Tafeln eine kreuzförmige Bildteilung ergibt. Die anschließenden Räume – dies verrät jedoch nur noch der Grundrißplan des Gebäudes – sind identische Kabinette mit quadratischem Grundriß und zwei apsidenförmigen Ausbuchtungen über Halbkreisen. In der sich anschließenden Konche verunsichert eine Linienprojektion (eine Videobeamer-Projektion einer ursprünglichen Super-8-Aufnahme) auf eine Wandrundung. Die Hand des Betrachters unterbricht fast unwillkürlich den Strahlengang des Projektors, um herauszufinden, ob die seltsam nach unten abfallende Linie am Ausgangspunkt tatsächlich eine horizontale war: eine hoffnungsloser Griff nach dem immateriellen Bild. Die gegenüberliegende Konche bleibt zwangsläufig ein Rätsel. Eine enge Passage mit intriganter

Fußleiste und täuschend eingepaßtem Lichtschalter blendet den dahinterliegenden tatsächlichen Raum grundsätzlich aus und macht ihn zu einem imaginären. Die Installation rekonstruiert eine Gemeinschaftsarbeit, die Imi Knoebel mit Blinky Palermo (1943–1977) in der Kunsthalle Baden-Baden 1971 realisiert hatte. Durchschreitet man diese Passage, findet man im nachfolgenden Raum zwei querrechteckige Bilder mit Karoteilungen 2 x 2 cm und 20 x 20 cm und im zur Hofseite blickenden Eckraum je zwei quadratische schwarze und weiße Tafeln mit schwarz bzw. weiß bemalten Seitenflächen. Im dazwischenliegenden kleinsten Raum erscheint das erste irritierende *Linienbild* mit vertikalen schwarzen und weißen Streifen, das sich durch die entstehenden Interferenzen dem direkten Blick des Betrachters entzieht. Ob man den beschriebenen Weg wählt, der in der Rezeption noch an einem Karo-Bild, mit Teilung 5 x 5 cm, vorbeiführt, oder den Rundgang durch das Kabinett mit der Projektion und den anschließenden Hauptsaal mit dem

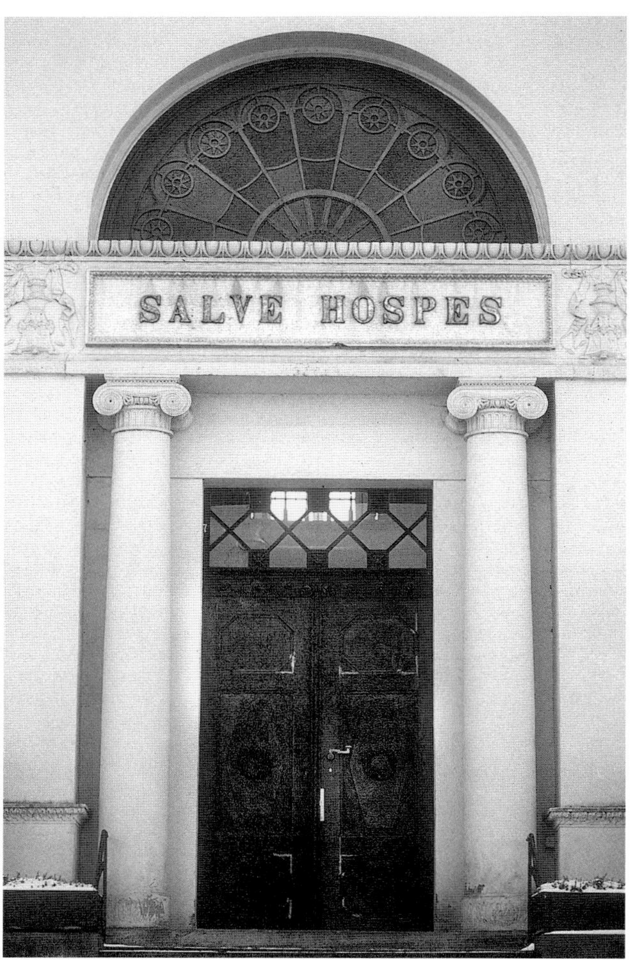

Kontor fortsetzt, man gelangt schließlich ins Treppenhaus, das zu den niedrigeren Räumen des Obergeschosses führt. Über eine umlaufende Balustrade des Foyerraumes, von der man einen schwindelerregenden Blick in den Eingangsbereich wagen kann, betritt man einen einfachen Gang mit drei davon abgehenden ehemaligen Schlafgemächern. Neben der verglasten Eingangstüre hängt lapidar eine einzige kleine Fotografie einer Projektion im nächtlichen Düsseldorf von 1972. Nimmt man beim Eintreten dieses Bild bereits wahr, verbindet man es, je nach dem bisher im Rundgang Gesehenen, zuerst mit der Projektion als Vorgang oder mit der geometrischen Form der unterbrochenen Linie. Verschiebungen zeigen auch die beiden ebenfalls im Flur nebeneinander hängenden hochrechteckigen Bilder mit vertikalen Teilungen 1/3, 1/3, 1/3 und 1/6, 1/3, 1/3, 1/6 und das Werk gleichen Formates mit der ansteigenden Treppenlinie, das wohl nicht zufällig gegenüber der schmalen, von unten einmündenden Dienstbotentreppe hängt. Der mittlere der Räume birgt eine aus vier parallel gesetzten Einzelteilen bestehende weiße Skulptur. Drei leicht geschwungene Formteile von einem Meter Höhe, die nach freihändig gezeichneten Linien ihr skulpturales Aussehen fanden, sind mit der dazugehörigen kubischen Grundform kombiniert. Fein gerasterte Linienarbeiten auf Papier, aus dem gleichen Entstehungsjahr 1967, vergegenwärtigen die Ausgangslage in der Zweidimensionalen und verweisen auf die zwischen 1968 und 1973 entstandene monumentale Werkfolge von 250.000 Zeichnungen. Die beiden angrenzenden Räume umspielen mit je konzentrierten Zusammenstellungen die beiden Grundthemen der *Linienbilder*: die zunehmende Konzentration von dünnen Einzellinien und den Wechsel von Linien zu schwarzen und weißen Bänderungen verschiedener Breiten.

Auf welchem Rundgang man auch immer die Ausstellung von Imi Knoebel besucht, es ist ein faszinierender Diskurs über das materielle und das immaterielle Bild. Ein Wahrnehmungsparcours transformiert die architektonische Struktur der Villa und ihre großartigen Ausblicke in den Park in Einblicke in die grundlegende Struktur seiner künstlerischen Arbeit. Je länger man seine Kreise in der privat, ja intim wirkenden Ausstellungssituation des Braunschweiger

Kunstverein zieht, umso klarer zeigt sich Imi Knoebels grundlegender Respekt gegenüber der Urteilskraft des Betrachters und sein unerschütterlicher Glaube an die Sensibilität und Wahrnehmungsfähigkeit des Individuums. „(E)s artikuliert sich immer auch Raum als Bildraum und als realer Raum des Bildes. Diese sehr spezielle Tatsache ist ein zentraler Punkt in Imi Knoebels Arbeiten, denn bei diesem realen Raum des Bildes und des Bildraumes handelt es sich letztlich auch um jenen Raum, in dem sich Bildwerk und Betrachter unmittelbar begegnen – es ist dieser Raum der Ort, an dem sich das Bildwerk in der Wahrnehmung verwirklicht; es ist der Ort der Richtigkeit, um nicht von Wahrheit zu sprechen."[7]

Die Braunschweiger Ausstellung atmet die Beweglichkeit und Offenheit der Kunst von Imi Knoebel, die in den späten sechziger Jahren ihre freiheitliche Basis gelegt hat. Und so dürfte ihre erneute Präsentation, 30 Jahre später, denn auch insistierend gemeint sein. Verläßt man das klassizistische Gebäude und wendet man den Blick nochmals zurück, so erreicht einen das über dem Eingang thronende „SALVE HOSPES" dankbar verschärft und verlangt, IMIs Kunst nicht nur als Gast zu besuchen, sondern ihr radikales Potential zu nutzen.

1 Johannes Stüttgen,„Der Ganze Riemen" – IMI & IMI 1964–1969 (Gespräch mit W. Knoebel, 6.1.1982), in: Katalog, Van Abbemuseum Eindhoven 1982, S. 94.

2 Ebd., S. 96.

3 Max Wechsler, „Expeditionen in den Raum der Malerei und der Skulptur und darüber hinaus", in: Imi Knoebel, Retrospektive 1968–1996, S. 14.

4 Skizze von Johannes Stüttgen, in: Imi Knoebel, Retrospektive 1968–1996, a.a.O., Tafel 10.

5 Imi Knoebel in einem Gespräch am 30. März 1996 in Düsseldorf.

6 Bernhard Bürgi, Imi Knoebel, Wegmarken 1964–1983, in: Katalog, Kunstmuseum Winterthur, Städtisches Kunstmuseum Bonn 1983, S. 62.

7 Wechsler, a.a.O., S. 12/13.

IMI KNOEBEL "IMI FOR TOUGH DIRT" ▪ ROLAND WÄSPE

The title which Imi Knoebel has chosen for his current exhibition at the Braunschweig Kunstverein is of course meant to be political. This is hardly surprising, for was it against the background of vehement new departures at the Düsseldorf Academy in the Sixties that the artist developed his creative skills. The Student Movement, which had grown in strength during the Sixties and was intent on political and social change that went beyond the reform of higher education, culminated in 1967/1968. The 'commodification of all things cultural', which was deemed to rob humankind of its social faculties and subject it to 'total repression,' was the target of the social criticism of the day. The Professor of Monumental Sculpture, Joseph Beuys (1921–1986), not only shook fellow teachers and politicians alike with his 'expanded concept of art', but with his anthropological approach he also fundamentally changed what was possible as art. It is one of the most notable features of contemporary politics that the men of the generation of '68 who now control the levers of power are evidently no longer aware of their foundations that were laid in those days.

'IMI FOR TOUGH DIRT' was the advertising slogan for IMI, a cleaning product that continued to be produced in the GDR long after its free economy sell-by date. It is an amusing and confusing coincidence of the IMI label with the IMI & IMI identity adopted by Wolf Knoebel and Rainer Giese (1942–1974). The intention of the exhibition title must have been to couple political dynamite and consumerist banality on the same level, for today's political slogans are similarly simplistic concoctions, while the monopolisation of the media, which was sharply criticised by the 1968 Movement, itself contributes, in the form it has assumed today, to the rapid growth in mishits and stray shots.

Imi Knoebel summarises and clarifies in the present exhibition. He examines his work from the late Sixties and tests it for relevance from a contemporary point of view. He demonstrates the breadth and freedom of his researches in those days, he offers pointers to underlying connections and to later developments in his work. With a wink he offers the viewer a rare insight into his thought processes and shows how the content of older and more recent work is connected. And, as always with Imi Knoebel, there is much you have to decipher in a circuit which brings early canvases from the years 1966 to 1968 together with a four-part sculpture from the year 1967, which offers a look at one small photo of the line-projections within the precincts of Düsseldorf which come next and which throws a horizontal line of light (in the form of a videotape projection taken from an original on Super-8 film) on the wall of a small, circular room as a strange, falling curve. He enjoys redesigning a corridor which many a visitor will simply overlook. The villa of the Braunschweig Kunstverein has been transformed into a new environment that provides instant illumination—as does the bare light bulb in the room-filling environment *Kontor* (1990/97/98)—and also casts light on the multi-layered interplay between Imi's works from the late Sixties and early Seventies. You suddenly feel close to those days, their remoteness in art history vanishes and they take on an obvious political topicality.

Kontor

The Red Room has been stripped bare, like the former estates in the East, ready for a new beginning. A *Kontor* is a trading depot, and in the German Democratic Republic the *Kontor* was the State wholesale trade centre which formed the link between manufacturing industry and the retail outlets. Imi Knoebel developed this installation in stages between 1990 and 1998, and he has adapted it for this exhibition. On site he added a naked light bulb suspended from the ceiling by two cables. Its harsh light illuminates the hardboard cubes and panels, the pile of stretchers and the brooms with their whitish, transparent, artificial bristles. These were known in the GDR as 'Kehrwalzen' (power sweepers) and they display their cleaning potential as openly as the five pallets of IMI scouring powder neatly packaged in transparent polythene.

In August 1990 when Imi Knoebel ordered in all ten pallets, approximately 7,500 packets, of IMI cleaning powder with out-of-date labels specially printed from the original plates that were still in existence, he was establishing a connection between the identity which he invented in the Sixties, IMI & IMI, and the common GDR cleaning agent. The instructions on the back of the package were couched in a kind of neutral terminology that could only have been invented in East Germany for consumables. It was precisely its bald, lapidary character that made it open to new interpretations. 'IMI is a powerful cleaner of multiple application for the removal of dirt in all its manifestations…'

Imi Knoebel spent his childhood from 1941 to 1950 in Grumbach by Dresden. It was only as a latecomer at the age of ten that he moved with his mother, two brothers and two sisters to Mainz. His personal biography is bound up with the decisive post-war division of Germany. In *Kontor* this becomes a symbol. Wolf Knoebel and Rainer Giese, after finishing their training at the *Werkkunstschule* in Darmstadt, where they formed the team of IMI & IMI, in 1964 moved to Düsseldorf. Their decision to do this–'we must help that man'[1]–came after the notorious newspaper photo of a Beuys action at the Technical University of Aachen (20th July 1964) when he was left bleeding from an attack by an enraged student. What IMI & IMI actually explored in the *Raum 19*, the studio which Joseph Beuys put at their disposal, had little to do with their mentor's own work, except that the environment in the Academy—the concept of art was opened as widely as possible to the practice of life—was likely initiate and indeed demanded an examination of fundamentals. IMI & IMI were fascinated by the *Black Square*. 'That was the phenomenon that took complete possession of us, that was the real turning point. With that on our minds we just went around trying to sell Malevich.'[2] With their heads shaved in the manner of revolutionary artists and *The Abstract World* in their pockets and, without themselves ever having seen an original by the master, they discovered Malevich's dematerialisation of art in an abstract world constructed purely of forms experienced in the mind. They then connected it with Beuys's potential of material as a storehouse and transformer of energies.

The installation *Kontor* is a recollection of rooms in the former GDR. It is of course also a reference to the groundbreaking *Raum 19* at the Düsseldorf Academy, which in the end held the entire potential of the painted panel. Max Wechsler called it 'the basic warehouse of Imi Knoebel's exhibition into a world between categories.'[3] In *Kontor* the stretcher, as a potential picture bearer, thematizes the impossibility of making pictures: 'the meanest picture no longer works. "The picture"? The search for THE picture. "THE PICTURE" is no longer paintable. You are not a painter, but you want a painting—there you have it! To bring what is normally concealed to the front! What is behind the picture is the picture itself.'[4] The possibility of failure in an unoccupied field, doubts about feasibility are not ignored, but are inserted into the evolution of the system. The conjunction and opposition of possible positions marks out a new concept of the picture.

The function of *Kontor* for the viewer is to make him aware of his perceptions as he proceeds round the exhibition in the Braunschweig Kunstverein. The photographs of the subtle positioning of the individual elements are able to present the beautifully organised installation far better than any subjective description. Again and again they bring out its fascinating relationship to the building and to other works in the exhibition.

Linienbilder

The other rooms in the Villa are mainly filled with groups of works from the series of the *Linienbilder,* that Imi Knoebel worked on between 1966 and 1969 and which in total amount to about a ninety panels. He himself described them as 'groping towards art *per se*.'[5] He braced hardboard panels with roof slats, covered them with white canvas and grounded them with white or black acrylic. On this picture base, with spaces varying between four and five cm, horizontal and vertical lines were traced in ink with a drawing pen. In individual works and in series of pictures he tried out various grids and divisions of the white or black picture surface. In these early *Linienbilder* there is 'still a link to the classical easel painting which creates a pictorial unit that is independent of its place of exhibition,'[6] but nonetheless—apart from the colour—essential elements of Imi Knoebel's later work emerge: the consistent exploration of all the qualities inherent in the painted panel, such as surface, edge, format, structure and support.

If you walk from the round foyer towards the daylight which streams towards you, you come to the garden room and are confronted by the work *Schwarzes Kreuz* from 1968, which is twisted diagonally out of its axis, a grandiose expression of ambivalence, somewhere between the ultimate Christian symbol and a collision of four basic neutral square forms. It is in addition a quadruple version of Malevich's zero form, the *Black Square* on a white ground. For the viewer it is easy to recognise that the construction of meaning is always conditioned by the context. On the opposite wall the horizontal and vertical division of a pictorial field is explored in systematic combinations in a series of 16 square white panels arranged 4 x 4 so that in the bottom four panels a cruciform division of the picture emerges.

The following rooms—and this is only visible on a floor-plan of the building—are identical cabinets with a square floor with two apse-shaped, semi-circular alcoves. In the adjacent conch there is a disturbing line projection on the circular wall. The viewer's hand almost involuntarily breaks the projector beam in order to find out whether the strange sloping line is actually horizontal at the outset, reaching out in a futile effort to touch an insubstantial image. The opposite conch is left as an enigma. A narrow passage with an intriguing skirting board and a deceptively integrated light switch effectively blacks out the actual room behind it and turns it into an imaginary one. The installation reconstructs a joint work which Imi Knoebel and Blinky Palermo (1943–1977) created for the Baden-Baden Kunsthalle in 1971. When you walk down this passage into the next room you find two square pictures hung diagonally and subdivided into 2 x 2 cm and 20 x 20 cm squares respectively. In the corner room that looks out on to the courtyard there are two square panels, one black and one white with their side surfaces painted white and black respectively. Between them in the smallest room of all is the first disorientating *Linienbild* with vertical black and white stripes. It eludes the viewer's direct gaze because of the visual interference that occurs. Whether you follow the indicated route which leads past a chess-board picture with 5 x 5 cm fields in the reception area, or continue the visit through the cabinet with the projection and on through the adjoining main room with the *Kontor*, you end up at the staircase which leads up to the lower rooms on the first floor. Following the gallery that runs round the foyer—from which you may want to take a vertiginous look down into the entrance area—you reach a plain corridor with three former bedrooms opening off it. Beside the glazed entrance door a single small photo of the projection done in Düsseldorf by night in 1972 hangs as a lapidary statement. If you have already noticed this photo when you went in, you will, depending on what you have already seen on your tour of the exhibition, connect it either with the act of projection, or with the geometric form of the broken line. The two upright rectangular pictures which hang side by side in the hallway with the vertical divisions 1/3, 1/3, 1/3 and 1/6, 1/3, 1/3, 1/6 also show distortions, as does the work in the identical format with a rising stepped line, which is placed—and not by chance—opposite the narrow servants' staircase from downstairs. The central room contains a white sculpture composed of four parallel units. The 1 m high, slightly curved component parts, whose sculptural form was arrived at through lines that were drawn free-hand, are combined with the appropriate basic cubic form. Fine grids drawn on paper in the same year, 1967, also demonstrate his point of departure in two-dimensional form and point towards the next monumental sequence of 250,000 drawings made between 1968 and 1973. The two adjacent rooms, each with an exemplary selection from them, elaborate on the two basic themes of the *Linienbilder*: the increasing concentration of thin single lines and the switch from lines to black and white stripes of different widths.

Whatever route you follow through Imi Knoebel's exhibition, it offers a fascinating discourse on the material and the immaterial image. His circuit of perception brings the architecture of the villa and the magnificent views of the park into harmonious union with insights into the structure of his work as an artist. The more you circulate in the private, indeed intimate exhibition spaces in the Braunschweig Kunstverein, the clearer Imi Knoebel's fundamental respect for the viewer's judgement and unshakeable faith in the sensibility and perceptiveness of the individual becomes. '(S)pace always articulates itself as both a pictorial space as well as the real space of the picture. This very specific fact is a central point in Imi Knoebel's works because, in the final analysis, the real space of the picture and the picture space is, in fact, the very space in which the artwork and the observer encounter each other immediately—it is in this physical space that the artwork is reified via perception; the place of accuracy, not to speak of truth.'[7]

The exhibition in Braunschweig breathes the mobility and openness of Imi Knoebel's art, whose liberal base was laid down in the late Sixties. And presenting works from those days again at the beginning of the 21st century is surely a clear statement. If you turn back as you leave the classical building the welcoming 'SALVE HOSPES' which stands enthroned above the entrance can be seen to have assumed gratifying precision. Now it not only invites you to visit Imi Knoebel's art, it also demands that you put its radical potential to use.

1 Johannes Stüttgen, 'Der Ganze Riemen' – IMI & IMI 1964–1969 (conversation with W. Knoebel, January 6, 1982), catalogue, Van Abbemuseum, Eindhoven, 1982, p. 94.

2 Ibid., p. 96.

3 Max Wechsler, 'Expedition in the realm of painting, sculpture and beyond', *Imi Knoebel: Works 1968–1996*, catalogue, Haus der Kunst München & Stedelijk Museum Amsterdam, etc., Cantz Verlag, Ostfildern-Ruit, 1996, p. 14.

4 Sketch of Johannes Stüttgen, ibid., plate 10.

5 Imi Knoebel in conversation in Düsseldorf, March 30, 1996.

6 Bernhard Bürgi, 'Imi Knoebel, Wegmarken 1964–1983', catalogue, Kunstmuseum Winterthur, Städtisches Kunstmuseum Bonn, 1983, p. 62.

7 Max Wechsler, op.cit., p.12.

IMI KNOEBEL
IMI
GEGEN
GROBEN
SCHMUTZ
30.11.2002 – 09.02.2003

Kunstverein Braunschweig e.V.
Haus Salve Hospes
Lessingplatz 12, 38100 Braunschweig
Telefon 0531.49556, Telefax 0531.124737
kunstverein-bs.de, info@kunstverein-bs.de

Vorstand / Board members
Dr. Katharina Perschmann, Vorsitzende des
Vorstandes / Chairwoman
Dieter Blume, 2. Vorsitzender / Vice chairman
Johann-Christoph von Lewinski,
Schatzmeister / Treasurer
Tobias Hoffmann
Dr. Bernd Huck
Oliver Ruth
Isolde Saalmann
Kurt Höweler, Ehrenvorsitzender /
Honorary board member

Leitung / Director
Karola Grässlin

Ausstellung / Exhibition
Imi Knoebel, Carmen Knoebel, Karola Grässlin
Projektassistentin / Project assistance
Katrin Wosnitzka
Sekretariat / Secretary
Rosemarie Henschke
Ausstellungsbetreuung / Exhibition supervisor
Elisabeth Schuchardt
Ausstellungstechnik / Exhibition technology
Thomas Müller, Nik Bednarek, Martin Bucher,
Frank Daniels, Klaus-Georg Kleine, Oliver Voss
Führungen / Exhibition guide
Melanie Mayr, Katrin Wosnitzka

Katalog / Catalogue
Herausgeber / Editor
Karola Grässlin
Lektorat / Copy Editor
Ralf Schauff, Elisabeth Schuchardt, Katrin Wosnitzka
Fotografien / Photographs
Thomas Müller, Imi Knoebel (S. 53)
Übersetzungen / Translations
Hugh Rorrison
Gestaltung / Design
Yvonne Quirmbach, Köln
Gesamtherstellung / Production
ArtnetworX, Hannover

© 2003
Imi Knoebel, Kunstverein Braunschweig, Autoren und
Verlag der Buchhandlung Walther König, Köln

Die Deutsche Bibliothek – CIP-Einheitsaufnahme
Ein Titelsatz für diese Publikation ist
bei der Deutschen Bibliothek erhältlich

Printed in Germany

Vertrieb außerhalb Europas / Distribution outside Europe
D.A.P./Distributed Art Publishers, Inc., New York
155 Sixth Avenue, New York, NY 10013
Tel 212-627-1999 Fax 212-627-9484

ISBN 3-88375-694-6

Unser Dank gilt dem Hauptsponsor TXU für die groß-
zügige Unterstützung der Ausstellung und des Kataloges.

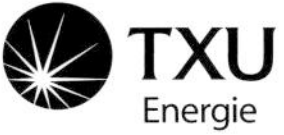

Wir danken dem Braunschweigischen Vereinigten
Kloster- und Studienfonds für die Förderung des
Kataloges.

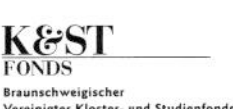

Ebenfalls danken wir der Stadt Braunschweig, dem
Land Niedersachsen, dem Hofbrauhaus Wolters, der
Feuerwehr Braunschweig, dem Ingenieurbüro
Westphal und der Deutschen Städte-Medien GmbH.